Anonymus

Die russische Armee in Krieg und Frieden

Anonymus

Die russische Armee in Krieg und Frieden

ISBN/EAN: 9783955640897

Auflage: 1

Erscheinungsjahr: 2013

Erscheinungsort: Bremen, Deutschland

@ EHV-History in Access Verlag GmbH, Fahrenheitstr. 1, 28359 Bremen. Alle Rechte beim Verlag und bei den jeweiligen Lizenzgebern.

Die

Russische Armee

in

Krieg und Frieden.

Mit einer Uebersichtskarte der Standorte, mit Uniform-Abbildungen und Skizzen der wichtigsten Gefechtsformationen.

Berlin 1890.
Ernst Siegfried Mittler und Sohn
Königliche Hofbuchhandlung
Kochstraße 68—70.

Vorwort.

Die ungemein rührige, zielbewußte Thätigkeit, welche die Russische Heeresverwaltung in den letzten Jahren entfaltet hat, um die Wehrkraft des Reiches in allen Gliedern zu stärken und möglichst kriegsbereit zu gestalten, hat schon seit geraumer Zeit die gespannte Aufmerksamkeit der militärischen Welt erregt. Um so empfindlicher wurde in der Deutschen Militär-Literatur der Mangel eines Werkes empfunden, das über den augenblicklichen Stand des Russischen Heerwesens eingehenden Aufschluß giebt. Mit dem Bericht über das Heerwesen Rußlands in den Löbell'schen Jahresberichten für 1889 unternahm Verfasser den Versuch, diese Lücke zu schließen. „Die Russische Armee in Krieg und Frieden" ist ein durch Nachträge und Anlagen vervollständigter und erweiterter Sonderabdruck jenes Berichtes, zu dessen Herausgabe Verfasser durch Wünsche aus Kameradenkreisen veranlaßt wurde.

Inhalts-Verzeichniß.

	Seite
I. Wehrpflicht und Ergänzung	1
A. Wehrpflicht	1
1. Stehendes Heer	1
2. Die Reichswehr	3
3. Die Kasakenheere	3
B. Ergänzung	4
1. Mannschaften	4
2. Unteroffiziere	5
3. Offiziere	5
A. Offiziere des Dienststandes	5
a) Militär-Vorbereitungs-Anstalten	6
b) Mittlere Militär-Lehranstalten	7
c) Höhere Militär-Lehranstalten	8
B. Offiziere der Reserve	8
4. Pferde	9
II. Der Dienst im stehenden Heere	10
A. Eintritt in den Dienst	10
B. Beförderung	10
1. Mannschaften	10
2. Unteroffiziere	10
3. Offiziere	11
C. Urlaub	12
1. Unteroffiziere und Mannschaften	12
2. Offiziere	13
D. Belohnungen	13
1. Unteroffiziere und Mannschaften	13
2. Offiziere	13
E. Entlassung	13
F. Versorgung	14
1. Mannschaften	14
2. Unteroffiziere	14
3. Offiziere	14
III. Friedens- und Kriegsordnung der Truppentheile	15
A. Stehendes Heer	15
a) Feldtruppen	15
1. Höhere Truppenverbände	15
Ordre de bataille der mobilen 1. Schützen-Brigade	17
„ „ „ „ „ 16. Infanterie-Division	18
„ „ „ „ des „ V. Armee-Corps	20
„ „ „ „ der „ 4. Cavallerie-Division	22

	Seite
2. Infanterie und Schützen	16
a) Infanterie	16
b) Schützen	22
c) Linien-Bataillone	23
3. Cavallerie	24
4. Artillerie	25
a) Feld-Artillerie	25
b) Reitende Artillerie	27
c) Mörser-Batterien	27
5. Ingenieurtruppen	28
a) Sappeure	28
b) Pontonniere	29
c) Eisenbahn-Bataillone	29
d) Torpedo-Compagnien	30
6. Trains und Colonnen	30
a) Train-Bataillone	30
b) Truppen-Trains	31
Marschordnung eines Infanterie-Regiments mit Regiments-Train	32
Marschordnung eines Cavallerie-Regiments mit Regiments-Train	33
Marschordnung fahrender und reitender Batterien mit Batterie-Train	34
Marschordnung einer Infanterie-Division	38
c) Special-Artillerie-Trains	37
α. Fliegende Artillerie-Parks	37
β. Bewegliche Artillerie-Parks	40
γ. Local-Artillerie-Parks	41
δ. Munitions-Depots	41
ε. Vordere Artillerie-Reserven	41
ζ. Artillerie-Belagerungs-Parks	41
d) Special-Ingenieur-Trains	42
α. Feld-Ingenieur-Parks	42
β. Militär-Telegraphen-Parks	42
γ. Ingenieur-Belagerungs-Parks	42
e) Sanitäts-Trains	43
α. Truppen-Lazarethe	43
β. Divisions-Lazarethe	43
γ. Bewegliche Feldhospitäler	43
δ. Militär-Sanitätstransporte	43
f) Pferde-Depots	43
b) Reserve-Truppen	44
1. Reserve-Infanterie	44
a) Im Europäischen Rußland	44
b) Im Kaukasus	45
c) Im Asiatischen Rußland	46
2. Reserve-Artillerie	46
3. Reserve-Ingenieurtruppen	47
c) Besatzungs-Truppen	47
1. Infanterie	47
2. Artillerie	49
d) Ersatz-Truppen	50
1. Infanterie und Schützen	50
2. Cavallerie	51

	Seite
3. Artillerie	51
4. Ingenieur-Truppen	52
e) Lehr-Truppen	52
f) Die Grenzwache	54
B. Kasaken-Heere	54
a) Vorbereitungs-Kategorie	54
b) Front-Kategorie	55
1. Feldtruppen	56
a) Infanterie	56
b) Reiterei	56
c) Reitende Artillerie	57
2. Besatzungs-Truppen	58
3. Ersatz-Truppen	58
4. Lehr-Truppen	58
c) Ersatz-Kategorie	58
C. Milizen	59
D. Die Reichswehr und Heereswehr	59
IV. Commando- und Verwaltungs-Behörden	60
A. Truppen-Commandos	60
1. Regiments-Commando	60
2. Brigade-Commando	61
3. Divisions-Commando	61
4. Corps-Commando	62
B. Militär-Local-Verwaltungen	63
1. Kreistruppenchefs-Verwaltung	63
2. Local-Brigade-Verwaltung	63
3. Festungs-Verwaltung	64
4. Commandantur-Verwaltung	65
C. Militär-Bezirks-Verwaltung	65
D. Das Kriegsministerium	66
E. Oberste Commando- und Verwaltungsbehörden im Felde	68
1. Armee-Obercommando	68
2. Das große Hauptquartier	69
V. Militärische Anstalten	69
A. Artilleriewesen	69
B. Ingenieurwesen	69
C. Sanitätswesen	70
D. Intendanturwesen	72
VI. Militär-Rechtspflege	72
A. Militär-Gerichte	72
B. Ehrengerichte der Offiziere	73
C. Disciplinarstraf-Ordnung	74
D. Beschwerden	77
VII. Bekleidung, Ausrüstung, Bewaffnung	77
A. Bekleidung	77
1. Offiziere	77
2. Mannschaften	78
Uebersicht über die Bekleidung der Mannschaften	80
B. Ausrüstung	78
1. Gepäck	78
a) Infanterie (ohne Garde)	78
b) Garde-Infanterie, Feld-Artillerie, Ingenieur-Truppen	79
c) Cavallerie und reitende Artillerie	79

VIII

	Seite
2. Munition	90
a) Gewehr-Munition	90
b) Artillerie-Munition	92
3. Handwerks-, Schanzzeug, Sprengstoffe	90
4. Brücken-Material	93
5. Telegraphen-Material	93
6. Lebensmittel und Futter	93
C. Bewaffnung	94
1. Infanterie, Schützen und Festungs-Artillerie	94
2. Cavallerie	95
3. Kasaken	95
4. Feld-Artillerie	95
5. Ingenieur-Corps	96
6. Trains und Colonnen (Parks)	96
VIII. Verpflegung	96
A. Geldgebührnisse	96
B. Lebensmittel	98
C. Futter	98
IX. Unterkunft und Vertheilung (Standorte) der Truppentheile im Frieden	99
A. Unterkunft	99
B. Vertheilung (Standorte) der Streitkräfte	99
X. Reglements und Taktik	102
A. Kampfweise und Gefechtsformen	102
1. Infanterie	102
2. Cavallerie	104
3. Artillerie	106
B. Sicherung des Marsches	109
1. Marschordnung einer Infanterie-Division	109
2. Marschordnung einer Cavallerie-Division	110
C. Vorpostendienst	111
1. Infanterie	111
2. Cavallerie	111
XI. Ausbildung	112
A. Offiziere	112
B. Ausbildung der Truppen	112
1. Winterdienst	112
2. Sommerdienst	113
C. Ausbildung der einzelnen Waffen	113
a) Infanterie	115
b) Cavallerie	115
c) Artillerie	116
d) Ingenieur-Truppen	116
e) Uebungen mit gemischten Waffen	117
f) Große Manöver	119
D. Uebungen der Reservisten und auf Urlaub entlassenen Kasaken	119
1. Reservisten	119
2. Uebungen der auf Urlaub entlassenen Kasaken	121
E. Uebungen der Reichswehr	121
XII. Vertheidigungsanlagen im westlichen Grenzgebiet	122
XIII. Mobilmachung	122
A. Mobilmachungs-Vorarbeiten	122
B. Ausführung der Mobilmachung	123
1. Mobilmachungsbefehl	123
2. Einberufung von Offizieren und Mannschaften der Reserve	124

	Seite
3. Vertheilung und Absendung der Completirungs-Mannschaften	124
4. Aushebung von Pferden und Fahrzeugen	124
5. Completirung	125
a) Completirung an Offizieren	125
b) Completirung an Mannschaften	126
c) Completirung an Pferden	126
d) Completirung an Waffen und Munition	126
e) Completirung an Bekleidungs- und Ausrüstungsstücken	126
f) Completirung an Fahrzeugen	126
6. Marschbereitschaft	127
XIV. Verkehrswesen	127
A. Eisenbahnen	127
B. Chausseen	129
C. Wasserstraßen	129
D. Telegraphen	130
XV. Der Haushalt des Heeres	130
Stärke-Berechnung der Russischen Armee	132

I. Wehrpflicht und Ergänzung.

A. Wehrpflicht.

1. Stehendes Heer.

Die allgemeine Wehrpflicht ist durch Gesetz vom 13. Januar 1874 eingeführt und erstreckt sich auf die gesammte männliche Bevölkerung ohne Unterschied des Standes, ausgenommen:

die Bevölkerung Turkestans, des Küsten=*) und Amurgebiets und noch einiger Asiatischer Bezirke;

die Samojeden im Kreise Mesen (Gouv. Archangel), die Fremdvölker der Gouvernements Astrachan, Stawropol und zahlreicher Gebiete Sibiriens.

Dauer der Wehrpflicht: vom 21. bis zum vollendeten 43. Lebensjahre.

Die Dienstzeit im stehenden Heere beträgt 18 Jahre, davon bei der Fahne 5 Jahre, in der Reserve 13 Jahre.

Nach Vollendung dieser Dienstzeit erfolgt der Uebertritt in die Reichswehr.

Die Reservisten sind zu zwei Uebungen von sechswöchentlicher Dauer verpflichtet.

Für die Gesammtbevölkerung Transkaukasiens und die Fremdvölker des Kuban= und Terek=Gebietes währt die Dienstpflicht bei der Fahne 3 Jahre, in der Reserve 15 Jahre.

Die Wehrpflichtigen muhamedanischen Glaubens, mit Ausnahme der Offetinen, sind jedoch gegen Entrichtung einer Geldsteuer von der persönlichen Dienstpflicht befreit.

In Finnland, wo die allgemeine Wehrpflicht seit dem 13. Januar 1881 zu Recht besteht, beträgt die Dienstzeit bei der Fahne 3 Jahre, in der Reserve 2 Jahre. Die der Reserve unmittelbar überwiesenen Wehrpflichtigen können in den ersten 3 Jahren zu Uebungen von insgesammt 90tägiger Dauer eingezogen werden.

Den gebildeten Klassen der Bevölkerung ist eine Verkürzung der Dienstzeit zugebilligt. Dieselbe steht im Verhältniß zu der Bildungsstufe, auf welcher sich die Dienstpflichtigen befinden und ist größer oder kleiner, je nachdem der Diensteintritt freiwillig oder in Folge der Aushebung, d. h. durch Theilnahme an der Loosung erfolgt.

---

*) Am Stillen Ocean.

Es dienen:

	bei der Fahne Jahre	in der Reserve Jahre
a. Ausgehobene Mannschaften.		
I. Bildungsstufe ⎧ Abgangszeugniß ⎫ I. und II. Klasse	2	16
II. ″ ⎨ von ⎬ III. Klasse	3	15
III. ″ ⎩ Lehranstalten*) ⎭ IV. Klasse	4	14
b. Freiwillige.		
I. Bildungsstufe (Abgangszeugniß von Lehranstalten I. und II. Klasse)	1	12
II. ″ (Besondere Prüfung)	2	12

Die gebildeten Finnländer haben Anspruch auf ähnliche Vergünstigungen hinsichtlich Abkürzung der Dienstzeit.

Die Familien-, Vermögens- und bürgerlichen Ausbildungsverhältnisse der Wehrpflichtigen finden ausgedehnte Berücksichtigung durch Dienstbefreiung im Frieden und zeitweilige Zurückstellung von der Aushebung.

Von den begünstigten Berufsklassen sind die Geistlichen aller christlichen Bekenntnisse und die auf geistlichen Akademien u. s. w. ausgebildeten Psalmenleser der rechtgläubigen Kirche völlig dienstfrei, während Aerzten, Thierärzten, Apothekern, Lehrern, auf Staatskosten im Auslande ausgebildeten Künstlern nur Dienstbefreiung im Frieden gewährt ist.

Bei Berechnung der Jahrgänge an Mannschaften, welche der Heeresverwaltung zur Verfügung stehen, ist zu beachten, daß der Erlaß vom 26. Juni 1888, betreffend Erhöhung der Dienstpflicht im stehenden Heere von 15 auf 18 Jahre, keine rückwirkende Kraft besitzt.

Der Kriegsminister hat das Recht, Mannschaften bis zu sechs Monaten über die gesetzliche Dienstzeit bei der Fahne zu behalten, falls dies durch politische, militärische oder klimatische Verhältnisse geboten erscheint. In jedem einzelnen Falle ist jedoch die Kaiserliche Erlaubniß einzuholen.

Im Interesse der Organisation und Kriegsbereitschaft der Armee ist dem Kriegsminister ferner bis zum Jahre 1891 die Befugniß ertheilt, einzelne Mannschaften über fünf Jahre hinaus bei der Fahne zu behalten.

In beiden oben angeführten Fällen wird den Mannschaften die im activen Dienst über die gesetzliche Frist d. h. über die volle fünfjährige Dienstzeit hinaus verbliebene Zeit auf die Dauer ihrer Dienstpflicht in der Reserve doppelt angerechnet.

---

*) Lehranstalten:
  I. Klasse: Universitäten, Hochschulen.
  II. Klasse: Gymnasien, Realschulen.
  III. Klasse: Stadt- und Kreisschulen.
  IV. Klasse: Volksschulen.

Die Beurlaubung zur Reserve kann nach dem Ermessen des Kriegsministers schon vor Beendigung der gesetzmäßigen Dienstzeit bei der Fahne stattfinden; siehe I. B. 1. Ergänzung Seite 4 und II. E. Entlassung Seite 13.

2. Die Reichswehr.

Die Reichswehr besteht aus sämmtlichen wehrfähigen Leuten, welche nicht zum stehenden Heere gehören, vom 21. bis zum vollendeten 43. Lebensjahre.*)

Dieselbe zerfällt in zwei Aufgebote. Das erste Aufgebot dient sowohl zur Ergänzung und Verstärkung des stehenden Heers als auch zur Bildung von Reichswehr-Truppentheilen und umfaßt bis zum vollendeten 43. Lebensjahre:

a) die aus dem stehenden Heer ausscheidenden Mannschaften,
b) die bei der Rekruten-Aushebung nicht eingestellten überzähligen Leute, welche völlig kriegsbrauchbar, aber nicht die einzigen Ernährer ihrer Familien sind.

Die vier jüngsten Jahrgänge stehen seit 1888 unter militärischer Controle und können zu zwei Uebungen von sechswöchentlicher Dauer herangezogen werden. Von dieser Uebungspflicht soll 1890 Gebrauch gemacht werden.

Die Einberufung erfolgt durch Ukase an den regierenden Senat nach Altersklassen und in diesen nach den Loosnummern.

Das zweite Aufgebot dient ausschließlich zur Bildung von Reichswehr-Truppentheilen und besteht aus denjenigen Leuten, welche bei der Aushebung:

a) aus Familienrücksichten ersten Grades — einzige Ernährer ihrer Familien — vom Dienste im Frieden befreit,
b) nicht völlig kriegsbrauchbar befunden sind.

Einberufung wie beim ersten Aufgebot, aber durch Kaiserliches Manifest.

3. Die Kasaken-Heere.

Jeder Kasak ist von Alters her wehrpflichtig und dafür von der Entrichtung der Kopfsteuer befreit. Die wehrfähigen Kasaken gehören entweder zum Dienststande oder zur Heereswehr.

Die Dienstzeit beginnt mit dem vollendeten 18. Lebensjahre und währt in den nachstehend aufgeführten 3 Kategorien des Dienststandes 20 Jahre:

a) Vorbereitungskategorie: 3 Jahre behufs vorläufiger militärischer Ausbildung in der heimathlichen Ortschaft.

b) Frontkategorie: 12 Jahre, je 4 Jahre in den 3 Aufgeboten derselben. Nur das 1. Aufgebot dient activ, die beiden übrigen sind beurlaubt, müssen sich aber stets zum Dienst bereit halten. Die Kasaken des 2. Aufgebots werden jährlich, die des 3. einmal auf 3 Wochen zur Uebung eingezogen.

c) Ersatzkategorie: 5 Jahre. Keine Dienst- und Uebungsverpflichtung im Frieden. Im Kriege jahrgangsweise Einberufung zur Deckung des Ab-

---

*) In Finnland bis zum 40. Lebensjahre.

gangs in der Front und zur Aufstellung von besonderen Truppentheilen und Commandos.

Aehnliche Berücksichtigung der Bildungs-, Familien-, Berufs- und Erwerbs-Verhältnisse wie im stehenden Heere.

Die Heereswehr umfaßt ohne Altersgrenze alle wehrfähigen Kasaken, die nicht zum Dienststande gehören und dient ausschließlich zur Bildung von besonderen Heereswehr-Truppentheilen. Aufbietung derselben nur in außergewöhnlichen Kriegslagen durch Kaiserliche Verordnung.

Vorstehende Vorschriften finden keine Anwendung auf das Ural-Kasakenheer. Die Truppentheile desselben werden durch Einstellung von Freiwilligen ergänzt, welche von den nicht dienenden Kasaken eine Geldunterstützung erhalten. Die in der Front befindlichen Kasaken dürfen frühestens nach einjähriger Dienstzeit durch Freiwillige ersetzt werden.

B. Ergänzung.

1. Mannschaften.

Stehendes Heer.

Sämmtliche Truppentheile ergänzen sich aus einer großen Zahl von Kreisen verschiedener Gouvernements. Bei der Rekrutenvertheilung wird der Grundsatz befolgt, daß die Truppen ihren Ersatz stets aus denselben Kreisen und zu drei Vierteln aus rein Russischer, zu einem Viertel aus nicht Russischer Bevölkerung erhalten.

Da die Heeresverwaltung bei der fünf bis sechsjährigen activen Dienstzeit sich außer Stande sah, ohne kostspielige Erhöhung des Friedensstandes die zur Completirung im Mobilmachungsfalle nöthige Anzahl von Mannschaften auszubilden, griff sie zu dem Auskunftsmittel, einen Theil der Rekruten bei der Infanterie, der fahrenden und Festungs-Artillerie über den Etat einzustellen und schon nach neunmonatlicher Dienstzeit wieder zu entlassen. Dieses 1881 eingeführte „Ergänzungs-Contingent" stieg von 22 000 in dem genannten Jahre auf 45 000 Mann in den Jahren 1886 und 1887. Nach der 1888 erfolgten Verkürzung der activen Dienstzeit dürfte es auf 25 000 bis 35 000 Mann herabgemindert werden.

Die Zahl der jährlich auszuhebenden Rekruten ist von 212 000 im Jahre 1881 auf 255 000 im Jahre 1889 gestiegen, während die Zahl der Wehrpflichtigen, welche von 1874 bis 1883 im Durchschnitt jährlich 753 445 Mann betrug, 1888 schon 850 000 Mann überstieg.

Von den eingestellten Rekruten entfallen jedoch in den letzten Jahren fast 14 000 Mann auf die Flotte, Grenzwache und Convoicommandos.

Aus der einheimischen Bevölkerung Transkaukasiens und den Fremdvölkern des Kuban- und Terek-Gebietes wurden seit 1887 jährlich 2400 Mann ausgehoben.

Die Rekruten-Aushebung in Finnland ist bis 1888 auf jährlich 1600 Mann und seit 1889 auf jährlich 1900 Mann zu veranschlagen. Dieses Wachsthum der Rekrutenziffer erklärt sich durch die Erhöhung der Finnischen Truppenmacht auf 5600 Mann.

Schließlich treten jährlich noch etwa 5000 Ein- und Zweijährig-Freiwillige in die Armee ein.

Die Rekruten sind, abgesehen von den aus den nördlichen Gouvernement stammenden, deren Körper mit 21 Jahren noch nicht genügend entwickelt sind kräftig, willig und genügsam, aber schwerfällig und zu selbständigem Handel nicht befähigt. Unter ihnen waren 1888 70 pCt. Analphabeten.

Kasaken-Heere.

Die Zahl der jährlich aus der Vorbereitungs- in die Front-Kategorie über tretenden Kasaken beträgt rund 16 000 Mann.

2. Unteroffiziere.

Die Ergänzung der Unteroffiziere macht wegen der mangelhaften Schul bildung des Rekrutenersatzes und der geringen Besoldung des Unteroffizierstandes große Schwierigkeiten.

Die Ausbildung der zu Unteroffizieren geeigneten Mannschaften geschieht zunächst in den Compagnieschulen und darauf bei den Lehrcommandos de selbständigen Truppentheile, in deren Stabsquartieren jene nach den Manövern bis zum Beginn des Compagnie-Exercirens zusammentreten.

Mit Hülfe dieser Einrichtungen ist es jedoch nicht gelungen, dem Heere die nöthige Zahl altgedienter Unteroffiziere (Capitulanten) zu verschaffen. Die Armee zählt ungefähr 8000 Capitulanten, so daß nur zwei Fünftel aller Compagnien Capitulanten als Feldwebel haben. Zur Beseitigung dieses drückenden Mangels hat man, abgesehen von Capitulantenzulagen, 1887 versuchsweise ein Unteroffizier Lehr-Bataillon zu Riga errichtet, dessen Schüler (Etat: 500) nach zweijährige Ausbildung zu einem vierjährigen Weiterdienen über die gesetzliche Dienstzei hinaus verpflichtet sind. Der Erfolg dieses Versuches bleibt abzuwarten. (Vergl Seite 53.)

Für Ergänzung und Ausbildung von Schreibern sorgen besondere, be Reserve-Infanterie-Bataillonen eingerichtete Schreiber-Klassen.

6 Feldscheerschulen liefern den Nachwuchs an Feldscheerern (Lazareth gehülfen).

Artilleristischen Specialzwecken dienen 1 technische, 1 pyrotechnische und 2 Waffenschulen.

Eine Militär-Handwerkerschule sorgt in dem Don-Kasaken-Heere für Aus bildung der Hufschmiede, Büchsenmacher, Sattler u. s. w.

3. Offiziere.

A. Offiziere des Dienststandes.

Das Offizier-Corps ergänzt sich aus allen Schichten der Bevölkerung und weist sehr große Verschiedenheiten hinsichtlich der Erziehung und Bildung seiner Mitglieder auf.

Nach ihrer Vorbildung zerfallen die Offiziere in:
Zöglinge der Kriegsschulen und
Zöglinge der Junkerschulen.*)

---

*) Aus den Junkerschulen sind 1864 bis 1889 30 033 Offizieranwärter und 278 Offiziere (letztere aus der Moskauer mit Kriegsschullehrplan) hervorgegangen.

Die ersteren ergänzen sich fast ausschließlich aus Cadetten und zeichnen sich vor letzteren, deren Ersatz aus Freiwilligen und ausgehobenen Mannschaften besteht, durch eine weit bessere allgemeine und militärische Vorbildung aus.

Die aus den Kriegsschulen hervorgehenden Offiziere werden in überwiegender Mehrzahl der Garde und den Specialwaffen zugetheilt, während die Armee-Infanterie und Cavallerie, sowie die Kasaken hauptsächlich auf den weniger brauchbaren Offizierersatz, der aus den Junkerschulen hervorgeht, angewiesen sind. In Folge dessen besteht nicht nur ein großer Bildungsunterschied zwischen den einzelnen Offizieren, sondern auch zwischen den Offizier-Corps der Garde und der Specialwaffen auf der einen und denen der Armee auf der anderen Seite. Zur Beseitigung dieses unverkennbaren Uebelstandes ist die Heeresverwaltung in neuerer Zeit mit Erfolg bemüht gewesen, den Bildungsdurchschnitt des Offizierersatzes zu heben und letzteren, soweit er aus den Junkerschulen hervorgeht, zu Gunsten der Kriegsschulen zu beschränken. Es gingen hervor aus den:

	Kriegsschulen*)	Junkerschulen
1887:	807 Offiziere	1679 Offizieranwärter
1888:	948 =	1131 =
1889:	975 =	etwa 1100**) =

Scheint demnach die Bildung des Offizier-Corps im Steigen begriffen, so klagen andererseits Russische Stimmen, daß das Gefühl der Cameradschaft und des gegenseitigen Vertrauens unter den Offizieren bedenklich abgenommen und einem häßlichen Streberthum Platz gemacht habe.

Der Bedarf an Offizieren ist im stehenden Heere und bei den Kasaken-Heeren beinahe voll gedeckt.

Die der Vor- und Ausbildung der Offiziere dienenden Militär-Lehranstalten zerfallen in:

a. Militär-Vorbereitungsanstalten.

21 Cadetten-Corps, von denen eins, das 1. Moskauer, zur Aufhebung bestimmt ist, sollen vornehmlich die Söhne verdienter Offiziere durch entsprechende Erziehung für den Offizierstand vorbereiten. Es wird Deutsch und Französisch, aber nicht Lateinisch gelehrt. Diejenigen Cadetten, welche die sieben Klassen mit einjährigem Lehrplan erfolgreich durchgemacht haben, werden den Kriegsschulen zugetheilt und erhalten, wenn sie nicht Offizier werden wollen, die ihrer Bildungsstufe entsprechenden Vorrechte.

Etatsmäßige Schülerzahl: „Interne" aller Cadetten-Corps ohne das 3. Moskauer: 7260, „Externe" nach Maßgabe des vorhandenen Platzes.

2 Militärschulen zu 100 bezw. 400 Schülern bereiten nach vierjährigem Lehrplan schlecht beanlagte Cadetten für Junkerschulen vor. Fremde Sprachen werden nicht gelehrt.

---

*) Einschließlich der Abtheilungen mit Kriegsschul-Lehrplan der Moskauer Junkerschule.
**) In den nächsten Jahren wird auf 1300 gerechnet.

b. Mittlere Militär-Lehranstalten.

3 Infanterie-Kriegsschulen	. . . .	zu je 400 Zöglingen	}	2 Klassen	} mit einjährigem Lehrplan.
1 Infanterie-Junkerschule	. . . .	" 400 "			
1 Cavallerie-Kriegsschule	. . . .	" 200 "			
1 Artillerie-Kriegsschule	. . . . .	" 160 "	}	3 Klassen	
1 Ingenieur-Kriegsschule	. . . . .	" 126 "			
1 Pagen-Corps	. . . .	" 276 "		9 Klassen	
1 Finnländisches Cadetten-Corps	.	" 120 "		6 Klassen	

Die Kriegsschulen bezwecken die theoretische und praktische Ausbildung von ehemaligen Zöglingen der Cadetten-Corps und soweit Platz vorhanden, auch von Freiwilligen der 1. Bildungsstufe zu Offizieren. Sie nehmen, in Bataillone ꝛc. formirt, jährlich an den Lagerübungen Theil. Der Lehrplan umfaßt auch Deutsche und Französische Sprache.

Auf der Moskauer Infanterie-Junkerschule ist seit 1888 der Lehrplan der Kriegsschulen eingeführt, um Freiwillige, je nachdem sie höhere oder mittlere Bildung besitzen, in ein- oder zweijährigem Cursus zu Offizieren auszubilden.

Das Kaiserliche Pagen-Corps dient zur Ergänzung der Garde-Offiziere, während das Finnländische Cadetten-Corps den Offiziersersatz der Finnischen Truppen ausbildet. Beide haben je 2 Specialklassen mit dem Lehrplan der Kriegsschulen, ersteres 7, letzteres 4 allgemeine Klassen mit dem Lehrplane der Cadetten-Corps.

8 Infanterie-Junkerschulen*)	mit 2490 Junkern**)	}	2 Klassen mit einjährigem Lehrplan.	
2 Cavallerie- "	" 450 "			
3 Kosaken- "	" 280 "			

Die Junkerschulen sollen auch den mit mangelhaften Schulkenntnissen versehenen Freiwilligen und ausgehobenen Mannschaften die Möglichkeit gewähren, sich das für einen Frontoffizier unumgänglich nöthige Maß allgemeiner und militärischer Bildung zu erwerben. Die Aufnahmebedingungen sind in den letzten Jahren verschärft. Ausgehobene Mannschaften niederer Bildung mit drei- bis fünfjähriger Dienstverpflichtung müssen sich nach Beendigung ihrer activen Dienstzeit und Beförderung zum Unteroffizier noch einer besonderen Aufnahmeprüfung unterwerfen. Der Lehrplan umfaßt in der jüngeren Klasse nur Gegenstände der Schulbildung, in der älteren***) militärische Fächer und Russische Sprache. Fremde Sprachen werden nicht gelehrt. Die aus den Junkerschulen hervorgegangenen Offiziere dürften an militärischer Brauchbarkeit die bessere Hälfte der Deutschen Unteroffiziere schwerlich übertreffen.

1 Militär-Topographenschule: 40 Junker, zweijährige Ausbildung für die Zwecke der militär-topographischen Abtheilung des Hauptstabes.

---

*) Die Moskauer Infanterie-Junkerschule ist hier nicht eingerechnet (siehe unter Kriegsschulen). Die Infanterie-Junkerschule Irkutsk zählt 30 Infanterie-, 60 Kosaken-Junker.

**) Für das Lehrjahr 1889/90 berechnet. In den vorhergehenden Jahren war der Etat geringer.

***) Für die ältere Klasse der Kosaken-Junkerschule Stawropol ist Ende 1889 die Errichtung eines Kriegsschulcursus für akademisch gebildete Kosaken angeordnet.

c. Höhere Militär-Lehranstalten.

Die Nikolaus-Generalstabs-Akademie zu 210 Offizieren dient der Ausbildung für den Dienst des Generalstabes. Der Lehrplan ist auf 2½ Jahre berechnet: eine jüngere, eine ältere Klasse und ½jähriger Ergänzungscursus. Außerdem besteht noch eine besondere geodätische Abtheilung für 20 Offiziere mit 2¼jährigem Cursus, an den sich dann noch ein 2jähriges Commando zur Sternwarte in Pulkowa anschließt. Die Zulassung zur Akademie ist abhängig von der Aufnahmeprüfung, einer mindestens 3jährigen Dienstzeit und dem einen Stabscapitän (Garde: Lieutenant) nicht übersteigenden Range. Nach bestandener Schlußprüfung werden die 30 Besten sofort zum Generalstabe commandirt. Die Geodäten werden am Schluß ihres 4jährigen Commandos unmittelbar in den Generalstab versetzt.

Die Michael-Artillerie-Akademie für 60 Offiziere bezweckt eine höhere artilleristische Ausbildung. 2½jähriger Lehrplan für zwei Klassen und ein Ergänzungscursus. Die Aufnahme ist abhängig von einer Prüfung und einer 2- bis 3jährigen Dienstzeit als Offizier; Dienstrang nicht höher als Stabscapitän.

Die Nikolaus-Ingenieur-Akademie für 75 Offiziere entspricht der vorgenannten. Der an den 2jährigen Cursus sich anschließende 7monatliche Ergänzungscursus ist nur für die 20 besten Akademiker bestimmt, welche zu Militär-Ingenieuren ernannt werden.

Die militär-juristische Akademie bereitet Offiziere zum Uebertritt in die Militär-Gerichtsverwaltung vor. Dreijähriger Lehrplan für zwei allgemeine und eine militär-juristische Klasse. Aufgenommen werden Offiziere aller Waffen bis zum Capitän, die mindestens vier Jahre gedient und die Schlußprüfungen einer höheren oder mittleren Lehranstalt bestanden haben. 1888 zählte die Akademie 80 Hörer; Etat 45.

B. Offiziere der Reserve.

Das Offizier-Corps der Reserve ergänzt sich aus:

a) ehemaligen Offizieren des Dienststandes,
b) Freiwilligen und ausgehobenen Mannschaften der 1. Bildungsstufe,

welche zu Vicefeldwebeln der Reserve bezw. Reserveoffizieren befördert sind.

Ueber die Dauer der gesetzlichen Reservepflicht hinaus dürfen freiwillig in der Reserve verbleiben:

Oberoffiziere bis zum 40. Lebensjahre,
Stabsoffiziere = = 50. =

Nach Erreichung dieses Lebensalters ist das Verbleiben in der Reserve unter bestimmten Voraussetzungen noch bis zum Abschluß einer 25- bezw. 35jährigen Dienstzeit gestattet.

Für das Ausscheiden der Generale der Reserve ist keine Frist festgesetzt.

Die Neigung, Reserveoffizier zu werden, ist gering. Die Offizierstellen werden im Mobilmachungsfalle große Lücken aufweisen. Es wurde daher

1886 die Stelle des Vicefeldwebels in der ausgesprochenen Absicht geschaffen, den jungen Leuten der gebildeten Stände den Eintritt in das Offizier-Corps der Reserve zu erleichtern. Die Beförderung zum Vicefeldwebel ist abhängig von einer erleichterten wissenschaftlichen und praktischen Prüfung, die nach Beendigung der Lagerübungen vor einer besonderen Commission abzulegen ist. Derselben können sich von der 1. Bildungsstufe unterwerfen: Freiwillige am Schluß des ersten, ausgehobene Mannschaften nach der Lagerübung des zweiten Dienstjahres, vorausgesetzt daß beide die Befähigung zum Unteroffizier besitzen, endlich Unteroffiziere der Reserve, wenn sie vorher eine mindestens sechswöchentliche Uebung bei ihrer Waffe zur Zeit der Lagerübungen gemacht haben. Die Vicefeldwebel der Reserve bilden im Kriege die niedrigste Rangklasse der Offiziere; bei der Garde werden sie nicht verwandt. Vicefeldwebel der Reserve, welche die Offizierprüfung vor einer Militär-Lehranstalt bestanden und auf eigene Kosten an einer Lagerübung theilgenommen haben, dürfen von den Commandeuren der Truppentheile, bei denen sie gedient haben, zur Beförderung zum Offizier vorgeschlagen werden. Da Angehörige der 1. Bildungsstufe in der Armee nur spärlich vertreten sind, ist von der erwähnten Maßnahme keine ausreichende Verstärkung des Offizier-Corps der Reserve zu erwarten. Die Uebungspflicht der Vicefeldwebel wurde 1890 auf zwei sechswöchentliche Dienstleistungen festgesetzt.

Die Reserveoffiziere gehören nicht einzelnen Truppentheilen an, sondern werden den Waffengattungen zugetheilt; sie stehen unter der Aufsicht der Kreistruppenchefs und haben letztere über ihren Wohnort und ihre Dienstverhältnisse stets auf dem Laufenden zu erhalten. Zu Dienstleistungen während der Sommerübungen sind sie verpflichtet, um ihre Befähigung zur Beförderung oder zur Führung selbständiger Truppentheile darzulegen; im Uebrigen können sie freiwillige Dienstleistungen beantragen.

4. Pferde.

Dienstzeit des Cavallerie-Pferdes 10 Jahre,
„   „   Artillerie-   „   9   „

Die Ergänzung der Cavallerie-Pferde liegt den 18 Cadres des Cavallerie-Ersatzes ob, welche auch die Remonten zunächst ein Jahr in Pflege nehmen und zureiten. Den Ankauf der Pferde-Ersatzes besorgt bei jedem Cadre ein Remonte-Offizier, welcher ohne Zwang einer Vorschrift oder Rechnungslegung eine bestimmte Geldsumme erhält und dafür die entsprechende Anzahl brauchbarer Pferde zu stellen hat.

1889 waren im Ganzen 5327 junge Pferde zu stellen; von den 5705 vorgeführten wurden jedoch 399 als unbrauchbar zurückgewiesen, so daß 21 fehlten. Unter den 5306 angenommenen Pferden stammten 3418 aus dem Don-Gebiet.

Die Ergänzung der Artillerie-Pferde geht in der Weise vor sich, daß in jedem Militärbezirk ein Offizier den Bedarf der gesammten Artillerie desselben aufkauft. In den Militärbezirken Moskau, Finnland, Kasan, dem Don-Gebiet und einigen Gouvernements des Kiewer Bezirks dürfen die Artillerie-Brigaden bezw. reitende Batterien den Pferde-Abgang durch freihändigen Ankauf decken.

Bei den Kasaken hat jeder Reiter für ein eigenes Pferd zu sorgen.

II. Der Dienst im stehenden Heere

A. Eintritt in den Dienst.

Die Einstellung der ausgehobenen Rekruten beginnt im December, vollzieht sich mit der Masse derselben aber erst im Januar und Februar.

Die Ein- und Zweijährig-Freiwilligen können jeder Zeit eingestellt werden, doch wird ihnen die Dienstzeit nur dann vom Tage der Einstellung berechnet, wenn sie in der Zeit vom 15. August bis 31. December (27. August bis 12. Januar) eintreten. Die Dienstzeit der außerhalb dieses Zeitraumes eintretenden Freiwilligen rechnet vom 15. (27.) August. Die Wahl des Truppentheils steht denselben frei, doch dürfen über den Etat nur solche der 1. Bildungsstufe eingestellt werden. Außerdem werden bei der Garde nur Freiwillige mit Universitätsbildung angenommen. Die bei der Garde und der Cavallerie eintretenden Freiwilligen müssen sich auf eigene Kosten unterhalten, während die übrigen vom Staate verpflegt werden.

Leute von höchstens 30 (im Kriege 43) Jahren, welche nicht die Rechte der Ein- und Zweijährig-Freiwilligen besitzen, können jeder Zeit freiwillig unter Verpflichtung zur gesetzlichen Dienstzeit bei der Fahne und in der Reserve bei allen Truppentheilen als „Ochotniki" eintreten. Treten als Ochotniki Leute ein, deren Bildungsstufe derjenigen der Ein- und Zweijährig-Freiwilligen entspricht, so genießen sie auch die gleichen Vorrechte.

Die Ersatz-Mannschaften der den Cavallerie-Divisionen zugetheilten Kasaken-Regimenter sollen spätestens zum 1. (13.) April jeden Jahres bei denselben eintreffen.

B. Beförderung.

1. Mannschaften.

Die Beförderung zum Unteroffizier (Feuerwerker bei der Artillerie) kann erfolgen bei:

Mannschaften ohne Bildungsvorrechte nach mindestens zweijähriger Dienstzeit und Beendigung eines Cursus bei einem Lehrcommando;

Freiwilligen der 1. Bildungsstufe nach sechsmonatlicher,

Freiwilligen der 2., ausgehobenen Mannschaften der 1. und 2. Bildungsstufe nach einjähriger Dienstzeit.

2. Unteroffiziere.

Es giebt „jüngere", „ältere" Unteroffiziere, Feldwebel (Wachtmeister) und Portepee-Junker.

Freiwillige und ausgehobene Mannschaften, welche die Schlußprüfung an einer Junkerschule (vergl. S. 7) bestanden haben, werden zu

Podpráporschtschiks (Infanterie)
Estandart-Junker (Cavallerie) } Fähnrichen
Podchorunschi (Kasaken)

befördert. Von diesen werden die besten noch im Prüfungsjahre Offiziere, die übrigen im darauf folgenden Jahre oder noch später, je nach ihren Leistungen, ohne oder bei Vacanz in ihren Truppentheilen.

Bezüglich der Beförderung zum Vicefeldwebel der Reserve siehe S. 9.

Von den Zöglingen des Pagen-Corps werden nach dem Ausfall der Schlußprüfung zu Podparutschiks befördert: die besten in der Garde, die übrigen in der Armee, von letzteren die besten mit ein Jahr vordatirtem Patent. Die schlechtesten Zöglinge (IV. Kategorie) werden als Unteroffiziere zur Armee entlassen; sie dürfen nach sechs Monaten zu Offizieren vorgeschlagen werden.

Aus den Kriegsschulen und der Moskauer Infanterie-Junkerschule werden die Junker nach bestandener Prüfung als Offiziere entlassen, dabei werden die Artillerie- und Ingenieur-Junker zwei Jahre, die besten Infanterie- und Cavallerie-Junker ein Jahr vorpatentirt. Zur Garde kommen die besten Cavallerie-, Artillerie- und Ingenieur-Junker, aber ohne vordatirtes Patent. Die schlechtere Hälfte (II. Kategorie) der Ingenieur-Junker wird der Armee-Infanterie zugetheilt.

Die III. Kategorie wird wie die IV. des Pagen-Corps behandelt.

3. Offiziere.

Die Rangklassen heißen:

	Infant., Art., Ing., Train	Cavallerie	Kasaken	Entsprechende deutsche Rangklasse
Oberoffiziere	Podparutschik	Kornet	Chorunschi	Secondlieutenant
	Parutschik		Ssotnik	Premierlieutenant
	Schtabskapitan	Schtabsrotmister	Podjessaul	—
	Kapitan	Rotmister	Jessaul	Hauptmann
Stabsoffiziere	Podpalkownik		Woiskowoi Starschina	Oberstlieutenant
	Palkownik			Oberst
Generale	Generalmajor			
	Generallieutenant			
	Polny General (General der Infanterie, Cavallerie, Artillerie).			

Im Kriege tritt zu den aufgeführten Rangklassen als unterste noch die des „Präporschtschik" (Vicefeldwebel), welche im Frieden nur beim Offiziercorps der Reserve besteht, hinzu.

Bei der Garde fehlt die Rangstufe des Oberstlieutenants; in andere Truppentheile versetzte Gardeoffiziere erhalten daher gleichzeitig eine entsprechende Rangerhöhung.

Die Beförderung der Oberoffiziere und eines Theils der Stabsoffiziere erfolgt nach dem Dienstalter, die der übrigen Stabsoffiziere und aller Generale außer der Reihe, d. h. nach Auswahl für Dienstauszeichnung.

Im Einzelnen findet die Beförderung wie folgt statt:
   a) zum Parutschik nach vierjähriger Dienstzeit als Offizier;
   b) zum Schtabskapitan und Kapitan ꝛc., sobald eine Stelle frei wird:
      im Regiment,
      in der gesammten Feld-Artillerie } Garde und Armee getrennt für sich,
      = = = reitenden Artillerie
      = den = Ingenieurtruppen mit Ausnahme des Garde-Sappeur-Bataillons, das in sich avancirt;
   c) zum Podpalkownik:
      bei der Infanterie und Cavallerie zur Hälfte der offenen Stellen nach dem Dienstalter in den Waffengattungen, zur Hälfte nach Auswahl unter Berücksichtigung folgender Bedingungen:
      Alter höchstens 50 Jahre,

Dienstzeit als Offizier mindestens 12 Jahre, als Kapitan mindestens 6 bezw. 4 Jahre, je nachdem die Beförderung nach dem Dienstalter oder nach Auswahl erfolgt;
mindestens zweijährige Führung einer Compagnie ꝛc.;
Besuch der Offizier-Cavallerieschule (nur für Cavallerie);
bei der Feld- und reitenden Artillerie, sowie den Ingenieurtruppen nach dem Dienstalter in den Waffengattungen;
im Generalstabe, nachdem die Betreffenden 1 Jahr lang eine Compagnie bezw. Escadron geführt haben.

Nicht beförderte Kapitans werden mit dem 55. Lebensjahre verabschiedet;

d) zum Palkownik nur in entsprechende offene Stellen für Dienstauszeichnung unter Berücksichtigung der Bedingungen:
Alter höchstens 55 Jahre,
Dienstzeit als Offizier mindestens 15, als Podpalkownik mindestens 4 bezw. 3 Jahre;
Generalstabsoffiziere müssen 4 Monate ein Bataillon geführt bezw. 6 Monate bei der Cavallerie gedient haben.

Nicht beförderte Podpalkowniks werden nach Vollendung des 60. Lebensjahres verabschiedet.

e) Ueber die Beförderung zum General sind keine besonderen Vorschriften bekannt.

Im Reserveverhältniß können Offiziere nicht mehr als zweimal befördert werden.

Zur Charakteristik der Beförderungsverhältnisse sei angeführt, daß von 852 in den Jahren 1885/90 zu Oberstlieutenants beförderten Hauptleuten der Infanterie und Schützen (ohne Garde) ein

Offizierdienst-	und	Lebensalter hatten:
		1 von 25—30 Jahren,
58 von 12—15 Jahren,		24 = 30—35 =
390 = 15—20 =		279 = 35—40 =
300 = 20—25 =		323 = 40—45 =
96 = 25—30 =		203 = 45—50 =
8 = 30—35 =		22 über 50 Jahre.
852		852

Obige Angaben sind noch dahin zu erläutern, daß, während früher die Masse der Beförderten in einem Dienst- bezw. Lebensalter von 20 bis 30 bezw. 40 bis 50 Jahren stand, jetzt 80 Procent sich in einem solchen von 15 bis 25 bezw. 35 bis 45 Jahren befinden. Das in den letzten Jahren deutlich erkennbare Bestreben, das Offiziercorps in den mittleren Rangklassen zu verjüngen, hat demnach Erfolg gehabt.

C. Urlaub.

1. Unteroffiziere und Mannschaften.

Es wird gewährt: „Kurzer Urlaub" bis zu sechs Wochen,
„Langer Urlaub" bis zu einem Jahr.

Das Kriegsministerium bestimmt jährlich zum 1. (13.) September, wie viel Mannschaften beurlaubt werden können, und wann (gewöhnlich zum Beginn der Lagerübungen) dieselben zu ihren Truppentheilen zurückkehren müssen. Langer Urlaub wird ausschließlich zur Wiederherstellung der Gesundheit gewährt und bei

Mannschaften mit verkürzter Dienstpflicht (drei Jahre und weniger) auf die active Dienstzeit nicht angerechnet.

2. Offiziere.

„Gewöhnlicher Urlaub" bis zu vier Wochen,
„Langer Urlaub" bis zu einem Jahr.

Langer Urlaub darf nur Offizieren bewilligt werden, die mindestens zwei Jahre in ihrem Truppentheile bezw. seit Ablauf eines früher erhaltenen Urlaubs mindestens drei Jahre Dienst gethan haben. Die auf langem Urlaub verbrachte Zeit kommt bei Berechnung der activen Dienstzeit nicht in Betracht; auch verlieren die Offiziere während eines einjährigen Urlaubs das Recht, in der Reihe befördert zu werden.

Ein Urlaub über vier Wochen unter Fortgewährung aller Gebührnisse soll nicht öfter als alle zwei Jahre gewährt werden.

D. Belohnungen.

1. Unteroffiziere und Mannschaften.

Silberne und goldene Verdienst-Medaillen für 10-, 20-, 25-, 30jährige Dienstzeit als Capitulanten.

Silberne und goldene Rettungs-Medaille.

Ehrenzeichen:

des Annen-Ordens für Dienstauszeichnung im Frieden,

des Kriegs-Ordens in vier Klassen für Auszeichnung vor dem Feinde. Mit der Verleihung desselben ist eine Erhöhung der Geldbezüge vom $1/3$ bis $1^1/_2$fachen derselben verbunden.

Silberne und goldene Aermel-Abzeichen für Capitulanten (bei beginnender und nach fünfjähriger Capitulation) und Fähnriche.

2. Offiziere.

Jeder Truppentheil soll jährlich eine bestimmte Anzahl Belohnungen erhalten. Bezügliche Vorschläge werden dem Kriegsministerium auf dem Dienstwege eingereicht. In der Regel soll ein Offizier, der eine Belohnung erhalten hat, nicht früher als nach drei Jahren zu einer neuen vorgeschlagen werden.

Als Belohnungen werden verliehen:

Rangerhöhungen, d. h. Beförderung für Dienstauszeichnung,

Orden,

Allerhöchste Belobigungen,

Goldene Waffen (Seitengewehre).

E. Entlassung.

Die Dienstzeit rechnet vom 1. (13.) Januar des auf die Aushebung folgenden Jahres, bei Freiwilligen vom Tage des Eintritts bezw. 15. (27.) August (s. S. 10).

Mannschaften mit verkürzter Dienstpflicht werden ohne besondere Anordnung nach Ablauf ihrer Dienstzeit zur Reserve entlassen.

Ueber die Entlassung der Mannschaften mit fünfjähriger Dienstpflicht wird jährlich besonders bestimmt. Hierbei wird auch angeordnet, wie viel Leute der Infanterie, Feld- und Festungs-Artillerie schon nach vierjähriger

Dienstzeit bei der Fahne der Reserve zu überweisen sind (siehe Seite 3). Von 1891 wird diese vorzeitige Entlassung voraussichtlich auf sämmtliche Mannschaften der angeführten Waffengattungen ausgedehnt werden; sie ist eine Folge der Herabsetzung der activen Dienstzeit von sechs auf fünf Jahre im Jahre 1888.

Das „Ergänzungs=Contingent" (vergl. Seite 4) wird nach kaum einjähriger Dienstzeit zur Reserve übergeführt. Ueber die Zugehörigkeit zum Ergänzungs=Contingent entscheidet bei jeder Compagnie das Loos.

Als Zeitpunkt der Entlassung gilt im Allgemeinen der Schluß der Lager= übungen. In den Festungen und großen Städten, in den Grenzbezirken und bei den berittenen Waffen werden jedoch im Interesse des Dienstes und einer erhöhten Kriegsbereitschaft die ausgedienten Mannschaften ganz oder theilweise bis zum Eintreffen bezw. bis zur ersten Ausbildung der Rekruten zurückbehalten.

In Folge dieser Maßnahmen übersteigt in jenen Monaten der Iststand die Sollstärke ganz bedeutend.

Offiziere, die keine besondere Dienstverpflichtung durch Besuch militärischer Bildungsanstalten haben, können jeder Zeit auf ihren Wunsch zur Reserve entlassen werden. Haben dieselben bei der Fahne und in der Reserve der gesetzlichen Dienstpflicht genügt, so steht ihnen das Recht zu, nach eigenem Belieben um ihren Abschied zu bitten.

F. Versorgung.

1. Mannschaften.

Im ersten Jahre nach der Entlassung zur Reserve sind alle Reservisten, ebenso wie die im activen Dienst befindlichen Mannschaften, von jeder Kopf= steuer und Naturalleistung befreit.

Während ihrer Dienstzeit bei der Fahne oder während der Einziehung zu einer Reserveübung gänzlich dienstunbrauchbar gewordene Mannschaften, die weder aus eigenen Mitteln noch mit Hülfe von Verwandten im Stande sind, für ihren Lebensunterhalt zu sorgen, erhalten eine Staatsunterstützung von drei Rubeln monatlich. Dieselbe kann bei völliger Pflegebedürftigkeit bis auf sechs Rubel monatlich erhöht werden.

2. Unteroffiziere.

Unteroffiziere erhalten beim Ausscheiden nach:

5jähriger Capitulation Empfehlungsschreiben behufs Verwendung in bestimmten Stellen der Militär= und Civil=Verwaltung;

10jähriger Capitulation eine einmalige Beihülfe von 250 Rubel;

20jähriger Capitulation eine einmalige Beihülfe von 1000 Rubel oder eine Pension von jährlich 96 Rubel. Stirbt der Pensionsberechtigte, so erhält seine Wittwe eine jährliche Pension von 36 Rubel.

Feldwebel und Zugunteroffiziere, welche 1888 auf zwei Jahre capitulirt und während dieser Zeit ununterbrochen Frontdienst gethan haben, erhalten eine einmalige Beihülfe von 150 Rubel.

3. Offiziere.

Die jährlichen Pensionsbeträge für die einzelnen Offiziergrade steigen von 245 Rubel für einen Secondlieutenant bis zu 575 Rubel für einen Oberst und 1430 Rubel für einen General. Es haben Anrecht auf volle Pension:

Offiziere mit 35jähriger activer Dienstzeit,
Verwundete der 1. und 2. Klasse;

auf halbe Pension:
Offiziere mit 25jähriger activer Dienstzeit.

Bei Invalidität wird nach 10-, 20-, 30jähriger Dienstzeit $^1/_3$, $^2/_3$, $^1/_1$ Pension, bei besonderer Pflegebedürftigkeit nach 5-, 10-, 20jähriger Dienstzeit $^1/_3$, $^2/_3$, $^1/_1$ Pension gewährt.

Diese geringfügigen, für den einfachsten Lebensunterhalt nicht ausreichenden Pensionen haben zur Gründung der „Emerital-Kasse" geführt. Sämmtliche activen Offiziere und Militär-Beamten sind Mitglieder derselben und zu einem jährlichen Beitrage von sechs Procent ihres Diensteinkommens verpflichtet. Die Emerital-Pension beträgt das 1½fache der Staats-Pension.

Es wird gewährt nach:

25jähriger Dienstzeit $^1/_2$ ⎫
35   "   " $^1/_1$ ⎬ Emerital-Pension.

Bei geringerer Dienstzeit haben Anspruch auf volle Pension nur die Verwundeten 1. Klasse und die mit schweren, unheilbaren Krankheiten behafteten Invaliden, auf halbe Pension die Verwundeten 2. Klasse.

Das „Alexander-Comité zur Sorge für Verwundete" zahlt an verwundete Offiziere und Mannschaften aus dem „Invaliden-Capital" Pensionen, deren Höhe im Verhältniß zur Schwere der Verwundung und zum Range des Betreffenden steht.

III. Friedens- und Kriegsordnung der Truppentheile.

A. Stehendes Heer.

a. Feldtruppen.

1. Höhere Truppenverbände.

Im Frieden findet eine engere Verbindung zwischen den einzelnen Waffen erst im Armee-Corps statt, welches die drei Hauptwaffen mit meist 2 Infanterie-Divisionen, 1 Cavallerie-Division, 2 Feld-Artillerie-Brigaden und 2 reitenden Batterien unter einem Commandeur vereinigt. Die Artillerie des Armee-Corps steht in jeder Beziehung unter dem Artilleriechef desselben und tritt nur für die Zeit ihrer Zutheilung zu Infanterie- oder Cavallerie-Divisionen unter die Befehle der betreffenden Divisions-Commandeure. Auch in diesem Falle steht jedoch dem Artilleriechef des Corps das Recht der Aufsicht und Besichtigung zu.

Außerhalb des Corps-Verbandes stehen ständig: die Festungs-Artillerie, Mörser-Regimenter, Train-Bataillone, Eisenbahn-, Sappeur- und Schützen-Brigaden, sowie augenblicklich: 4 Infanterie-Divisionen und 1 Cavallerie-Division.

Die in den Asiatischen Militär-Bezirken stehenden Truppentheile sind zu keinen höheren Verbänden vereinigt.

Die Machtbefugniß der Corps-Commandeure ist im Vergleich zu derjenigen, welche die Deutschen commandirenden Generale besitzen, sehr beschränkt durch die Oberbefehlshaber der Militär-Bezirke, denen sämmtliche in ihrem Bezirk untergebrachten Truppen unterstellt sind. Die vorhandenen 20 Armee-Corps sind im Frieden in nachstehender Weise zusammengesetzt:

Bezeichnung des Corps	Stabsquartier	Inf.-Divisionen	Cav.-Div.	Feld-Art. Brigaden	Anzahl der reit. Batterien
Garde-Corps	Petersburg	1., 2., 3. Garde	1., 2. Garde		6
Grenadier-Corps	Moskau	1., 2., 3. Grenad.	1. Cav.-Div.		2
I. Armee-Corps	Petersburg	22., 24., 37. Inf.-Div.	—		
II. "	Wilna	26., 27. "	2. "		2
III. "	Riga	28., 29. "	3. "		2
IV. "	Minsk	16., 30. "	4. "	Zahl und Bezeichnung entspricht den Infanterie-Divisionen	2
V. "	Warschau	7., 10. "	5. "		2
VI. "	"	4., 6. "	6. "		2
VII. "	Sewastopol	13., 34. "	7. "		2
VIII. "	Odessa	14., 15. "	8. "		2
IX. "	Kiew	5., 33. "	9. "		2
X. "	Charkow	9., 31. "	10. "		2
XI. "	Shitomir	11., 32. "	11. "		2
XII. "	Kiew	12., 19. "	12. "		2
XIII. "	Moskau	1., 36. "	—		—
XIV. "	Lublin	17., 18. "	14. "		2
XV. "	Warschau	2., 8. "	13. "		2
XVI. "	Witebsk	25., 41. "	—		—
XVII. "	Nish. Nowgorod	3., 35. "	—		—
Kaukasisches Corps	Tiflis	Kauk. Gr., 38., 39.	1. u. 2. Kauk. Kasaken-Div.		2

Im Kriege werden aus den Armee-Corps und den außerhalb des Corps-Verbandes stehenden Truppentheilen Armeen gebildet, für welche ein gewisser Rahmen schon im Frieden durch die an der Grenze gelegenen Militär-Bezirke gegeben ist.

Die Infanterie- und Cavallerie-Divisionen werden bei der Mobilmachung durch Zutheilung einer Feld-Artillerie-Brigade an erstere und von zwei (bei der Garde drei) reitenden Batterien an letztere zu gemischten Verbänden umgestaltet.

Aus nachstehenden Ordres de bataille ist ferner ersichtlich, in welcher Weise die Corps und Divisionen, sowie die Schützen-Brigaden zur Erhöhung ihrer Operationsfähigkeit mit Train und Colonnen ausgestattet werden.

Ordre de bataille der mobilen 1. Schützen-Brigade: Siehe Skizze S. 17.
" " " " " 16. Infanterie-Division: Siehe Skizze S. 18 u. 19.
" " " " " 4. Cavallerie-Division: Siehe Skizze S. 22.
" " " des " V. Armee-Corps: Siehe Skizze S. 20 u. 21.

2. Infanterie und Schützen.

a. Infanterie.

3 Garde-Infanterie-Divisionen Nr. 1 bis 3,
4 Grenadier-Divisionen Nr. 1 bis 3 und eine Kaukasische,
41 (Armee-)Infanterie-Divisionen Nr. 1 bis 41.

Die 48 Infanterie-Divisionen zählen je zwei, in zwei Regimenter zerfallende Brigaden, welche die Bezeichnung 1. und 2. Brigade der n. Infanterie-Division führen.

Es giebt demnach 192 Infanterie-Regimenter:

12 Garde-Infanterie-Regimenter mit Namen, z. B. Moskauer Leib-Garde-Regiment;

Ordre de bataille
der mobilen 1. Schützen-Brigade.

4. Schützen-Regt.   3. Schützen-Regt.   2. Schützen-Regt.   1. Schützen-Regt.

Brigade-Train.
II. Proviant-Abtheilung.   I. Allgemeine Abtheilung
                                        (einschl. Pferde-Reserve),
                                        enthält Schanzzeug, Packsättel,
                                        Bekleidungsvorrath.

Reserve-Transport.   Ausgabe-Transport.

(98 Fahrzeuge):   (90 Fahrzeuge):   (20 Fahrzeuge):
jedes Regiment 24 zweisp. Fahrzg.,   jedes Regiment 22 zweisp. Fahrzg.,   jedes Regiment 4 zweisp. Fahrzeuge,
Train   2   "   "   Brigade-Stab   Brigade-Stab
                                     und Train   2   "   "   und Train 3   "   "
                                                                           Commandeur des Trains 1 dreisp.
                                                                           eigener Wagen.

Fliegender Schützen-Artillerie-Park.

(80 Fahrzeuge):
24 sechsspännige Patronenwagen,
2 vierspännige Geräthewagen,
4 zweispännige Packwagen.

Sollstärke der mobilen 1. Schützen-Brigade:
Fechtende Truppen: 143 (12)*) Offiz., 7636 (395)*) Mann, 420 Pferde,***) 180 Fahrz.***)
Trains u. Colonnen:**)   8   "   447   "   676   "   238   "

---

 16 Grenadier-Regimenter Nr. 1 bis 16 mit Namen, z. B. 2. Rostow-sches Grenadier-Regiment;
 164 (Armee-)Infanterie-Regimenter Nr. 1 bis 164 mit Namen, z. B. 7. Revalsches Infanterie-Regiment.
 Sämmtliche Infanterie-Regimenter bestehen aus vier Bataillonen (Nr. I bis IV) zu je vier Compagnien (Nr. 1 bis 16) und einer Compagnie für Nichtstreitbare.
 Sollstärke eines Regiments einschließlich Freiwillige
im Frieden: 70 (7*) Offiziere, 1818 (81*) Mann, 25 Pferde, 86 Fahrzeuge; †)
" Kriege: 79 (7*)   "   3870 (159*) "   192***) "   87   "
 In den Militärbezirken Warschau, Odessa und Kaukasus sind mehrere Infanterie-Divisionen auf einen erhöhten Friedensstand gebracht.

---

 *) Nichtstreitbare Offiziere (Aerzte, Beamte ꝛc.) und Mannschaften sind eingeklammert und in den vorhergehenden Zahlen der Streitbaren nicht enthalten. Der in Rußland üblichen Berechnung entsprechend sind die unbewaffneten Offizierdiener (Burschen) als Streitbare aufgeführt.
 **) Bei den Trains ist hier, wie auch nachstehend, kein Unterschied zwischen Streitbaren und Nichtstreitbaren gemacht.
 ***) Einschließlich der eigenen Pferde der Offiziere, welche in den Angaben des Friedens-standes nicht enthalten sind.
 †) Die Fahrzeuge sind nach der noch nicht völlig durchgeführten Normalformation des Regiments-Trains angegeben.

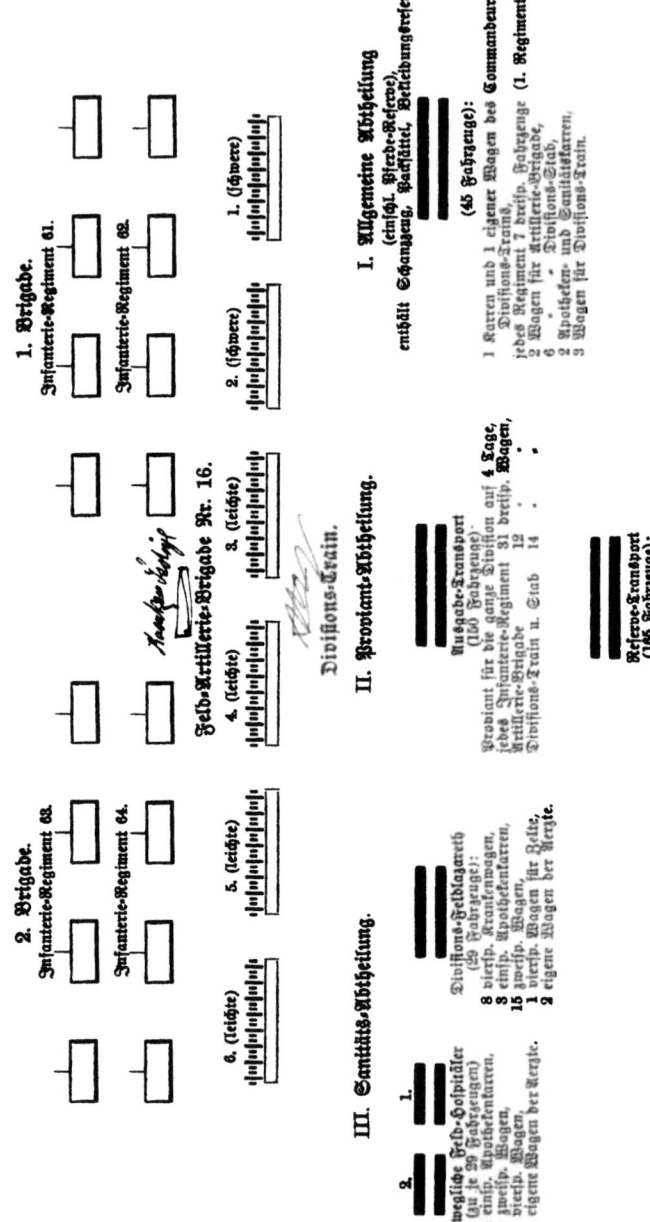

— 19 —

Wenn die Division selbständig auftritt, außerdem noch:

IV. Artillerie-Abtheilung.

Fliegende Park-Artillerie-Brigade Nr. 16.
(Stab: 7 Fahrzeuge.)

| 4. | 3. | 2. | 1. |

Fliegender Artillerie-Park mit Artillerie-Munition (je 56 Fahrzeuge):
48 sechssp. Munitionswagen,
2 „ Werkzeugwagen,
6 zweisp. Bagen.

Fliegender Park-Artillerie-Park mit Infanterie-Munition (je 29 Fahrzeuge):
24 sechssp. Patronenwagen,
1 vierspr. Werkzeugwagen,
4 zweisp. Bagen.

V. Ingenieur-Abtheilung.

Section eines Feld-Ingenieur-Parks.

(9 Fahrzeuge):
7 zweisp. Compagnie-Schanzzeugwagen,
1 „ Werkzeugwagen,
1 „ Packwagen.

Abtheilung eines Militär-Telegraphen-Parks.

(21 Fahrzeuge):
14 vierspr. Telegraphenwagen,
7 zweisp. Bagen.

Sollstärke der mobilen 16. Infanterie-Division:

Fechtende Truppen: 864 (35) Offiziere, 16 808 (849) Mann, 2 082 Pferde, 48 Geschütze, 512 Fahrzeuge,
Trains und Colonnen (einschl. IV. u. V. Abth.): 69 „ 2 247 „ 2 692 „ , — 654 „

2*

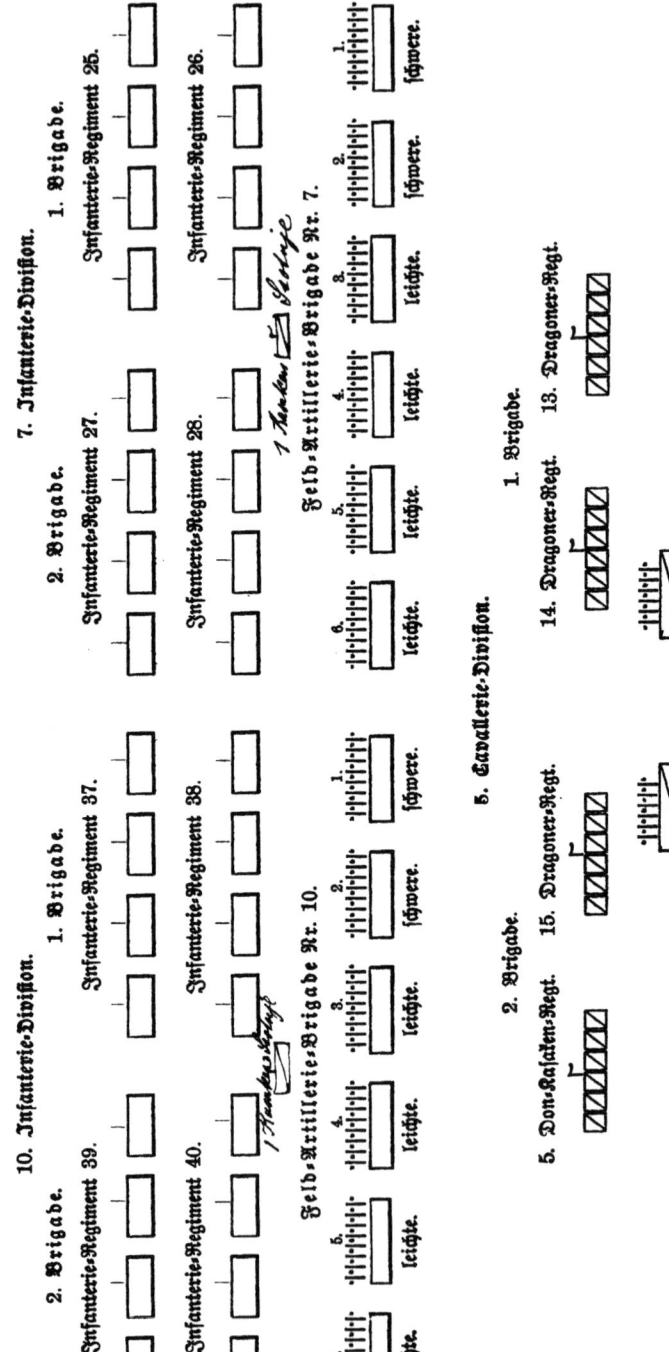

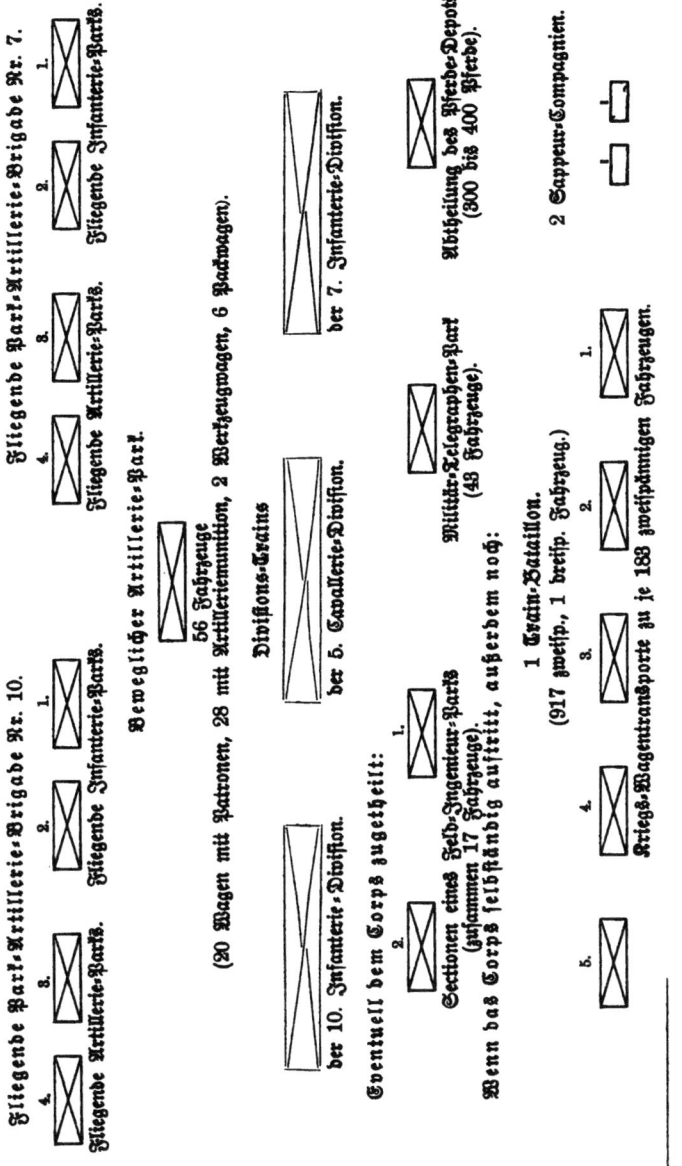

Ordre de bataille
der mobilen 4. Cavallerie-Division.

2. Brigade.		1. Brigade.	
4. Don-Kasaken-Regt.	12. Dragoner-Regt.	11. Dragoner-Regt.	10. Dragoner-Regt.

8. reitende Batterie.   7. reitende Batterie.

Divisions-Train.

2. Proviant-Abtheilung.	1. Allgemeine Abtheilung
Ausgabe-Transport.	(einschl. Pferde-Reserve), enthält Schanzzeug, Packsättel und Bekleidungsreserven.
(48 Fahrzeuge):	(26 Fahrzeuge):
jedes Cavallerie-Regiment 10 zweisp. Wagen, jede Batterie 2 " " Divisions-Stab und Train 4 " "	Dragoner-Regimenter je 4 zweispännige Wagen, Kasaken-Regiment 3 " " Batterien je 1 " " Stab der Division und Divisions-Train 6 " " für den Commandeur 1 einsp. Karren und 1 eigener Wagen, 1 einsp. Apothekenkarren.

Sollstärke der mobilen 4. Cavallerie-Division:
Fechtende Truppen: 150 (28) Offiziere, 4081 (394) Mann, 4855 Pferde, 12 Geschütze, 225 Fahrzeuge,
Trains: 8   "   170   "   248   "   —   74   "

Der Regiments-Train besteht aus:
43 Einspännern: 16 Compagnie-Patronenkarren, 17 Regiments-Patronenkarren, 4 Apothekenkarren, 6 Offizierkarren;
39 Zweispännern: 32 Compagniewagen, 6 Regimentswagen, 1 Sanitätswagen;
1 Dreispänner: 1 Commandeurwagen;
4 Vierspännern: 4 Krankenwagen.

b. Schützen.

1 Garde-Schützen-Brigade zu 4 Bataillonen (darunter 1 Finnisches),
5 Armee-Schützen-Brigaden zu 4 Regimentern Nr. 1 bis 20 zu 2 Bataillonen,
1 Kaukasische Schützen-Brigade zu { 4 Bataillonen Nr. 1 bis 4,
                                     4 Druschinen Nr. 1 bis 4 aus Eingeborenen,
1 Turkestanische Schützen-Brigade zu 4 Bataillonen Nr. 1 bis 4,
2 Transkaspische Schützen-Brigaden zu 4 Bataillonen Nr. 1 bis 8,
2 Ostsibirische Schützen-Brigaden zu 5 Bataillonen Nr. 1 bis 10,*)
8 Finnische Schützen-Bataillone Nr. 1 bis 8 (ohne d. L. G. B.),
1 Krymsche Schützen-Compagnie (4 Offiziere, 243 (49) Mann, im Kriege 1 Bataillon),
1 Schützen-Compagnie der Offizier-Schießschule (siehe S. 52).

---

*) Die Formirung der Bataillone Nr. 5 und 10 bis spätestens December 1890 ist Ende 1889 befohlen.

Ein Bataillon zählt im Krieg und Frieden vier Compagnien.
Sollstärke eines Schützen-Regiments zu zwei Bataillonen:
im Frieden 33 (3) Offiziere, 1179 (38) Mann, 11 Pferde, 43 Fahrzeuge,
" Kriege 35 (3) " 1909 (97) " 101 " 44 "

Es besteht anscheinend die Absicht, die Schützen-Regimenter auf die Stärke von vier Bataillonen zu bringen und die Brigaden in Divisionen umzuformen. Ein vorbereitender Schritt nach dieser Richtung ist die 1889 erfolgte Verstärkung des Stabes der fünf Armee-Schützen-Brigaden um einen Stabsoffizier des Generalstabes.

Sollstärke eines selbständigen Schützen-Bataillons
im Frieden: 19 (6) Offiziere, 448 (31) Mann, 9 Pferde, 25 Fahrzeuge,
" Kriege: 21 (6) " 961 (54) " 61 " 26 "

Die Finnischen Bataillone haben eine etwas höhere Friedens- und Kriegsstärke. Zur Ausbildung von Mannschaften der Reserve sind bei denselben im Frieden je 4 Offiziere, 16 Unteroffiziere, 8 Hornisten über dem Etat vorhanden. Die Kaukasischen, Turkestanischen, Transkaspischen Schützen-Bataillone und die Schützen-Druschinen haben einen fast, die Ostsibirischen einen bis zur Kriegsstärke erhöhten Friedensstand. Die Turkestanischen und Transkaspischen Schützen-Bataillone sind z. B. im Frieden 21 (3) Offiziere, 803 (32) Mann, 35 Pferde stark.

Der Train eines selbständigen Schützen-Bataillons besteht aus:
13 Einspännern: 4 Compagnie-Patronenkarren, 4 Bataillons-Patronenkarren, 2 Offizierkarren, 1 Bataillonskarren, 1 Sanitätswagen, 1 Apothekenwagen;
11 Zweispännern: 8 Compagniewagen, 3 Bataillonswagen;
1 Dreispänner: 1 Commandeurwagen:
1 Vierspänner: 1 Krankenwagen.

c. Linien-Bataillone.

Von den 20 Turkestanischen Linien-Bataillonen sind:
Nr. 5 und 13 selbständig,
" 1, 10 der 1. Turkestanischen Linien-Brigade (Taschkent),
" 6, 8, 11, 12, 17 " 2. " " " (Samarkand),
" 2, 4, 7, 15, 16, 18, 20 " 3. " " " (Now. Margelan),
" 3, 9, 14, 19 " 4. " " " (Kerki)
zugetheilt.

8 Westsibirische Linien-Bataillone: Nr. 1, 2, 4 sind selbständig, die übrigen im Gebiet Ssemiretschensk stehenden fünf Bataillone Nr. 3, 5, 6, 7, 8 zur Westsibirischen Linien-Brigade (Wjärny) vereinigt.

5 Ostsibirische Linien-Bataillone Nr. 1 bis 5, sämmtlich selbständig.

Die im Frieden und im Kriege in vier Compagnien zerfallenden Linien-Bataillone sind zur Verwendung auf einem Europäischen Kriegsschauplatze nicht bestimmt.

Sollstärke der Linien-Bataillone im Frieden:
20 Turkestanische: je 21 (4) Offiziere, 693 (58) Mann, 35 Pferde, 25 Fahrzeuge,
7 Westsibirische: " 19 (4) " 448 (31) " 9 " 25

Die Ostsibirischen Linien-Bataillone befinden sich auf dem Kriegsfuße; das mit ihnen im Militärbezirk Omsk untergebrachte 2. Westsibirische ist um 73 Streitbare stärker als ein Turkestanisches.

Sollstärke im Kriege für alle Bataillone:
21 (4) Offiziere, 961 (54) Mann, 58 Pferde, 26 Fahrzeuge.
Die Zusammensetzung des Trains ist den Asiatischen Verhältnissen angepaßt.

3. Cavallerie.

10 Garde-Regimenter (4 Cürassier-, 2 Dragoner-, 2 Ulanen-, 2 Husaren-Regimenter) mit Namen, z. B. Leib-Garde-Grenadier-Regiment zu Pferde.
46 (Armee-)Dragoner-Regimenter mit Nummer (1 bis 46) und Namen, z. B. 12. Mariupolsches Dragoner-Regiment.
1 Finnisches Dragoner-Regiment.
1 Krym-Tataren-Division (im Frieden: 2 Escadrons, im Kriege: 1 Regiment).
1 Escadron der Offizier-Cavallerie-Schule (s. S. 52).
6 Feld-Gendarmerie-Escadrons*) (1 Garde-, 5 Armee-).
2 Ussuri-Reiter-Ssotnien**) (10 (4) Offiziere, 298 (36) Mann, 294 Pferde, 4 Fahrzeuge).

Die Cavallerie-Regimenter zählen in Friedens- und Kriegszeiten 6 Escadrons, nur die Cürassier-Regimenter haben vier.

Die 10 Garde-Regimenter bilden mit 2 Leib-Garde-Don-Kasaken-Regimentern (im Frieden 4, im Kriege 6 Escadrons) und der Leib-Garde-Ural-Kasaken-Escadron 2 Garde-Cavallerie-Divisionen zu 3 Brigaden. Die 1. Garde-Cavallerie-Division besteht aus den 4 Cürassier- und den 2 Don-Kasaken-Regimentern, sowie der Ural-Kasaken-Escadron; die 2. aus einer Dragoner-, Ulanen- und Husaren-Brigade zu je 2 Regimentern.

Die 46 Armee-Dragoner-Regimenter sind mit 10 Don-, 1 Ural- und 3 Orenburg-Kasaken-Regimentern in 15 Cavallerie-Divisionen (Nr. 1 bis 14 und „Kaukasische") zu 2 Brigaden vereinigt. Die Kaukasische Cavallerie-Division besteht aus den Dragoner-Regimentern Nr. 43 bis 46, die übrigen Nr. 1 bis 14 aus je 3 Dragoner- und 1 der 2. Brigade zugetheilten Kasaken-Regiment (6 Ssotnien).

Bei der Zusammensetzung der Cavallerie-Divisionen hat man genau die Reihenfolge der Regimentsnummern beachtet, so daß z. B. die 3. Division aus den Dragoner-Regimentern Nr. 7, 8, 9, die 14. aus den Nr. 40, 41, 42 besteht.

Sollstärken:

Garde-Cürassier-Regiment zu 4 Escadrons:

im Frieden 32 (6) Offiziere, 706 (69) Mann, 585 Pferde, 34 Fahrzeuge,
= Kriege 30 (6)   =   629 (58) =   753   = 35   =

Armee-Dragoner-Regiment zu 6 Escadrons:

im Frieden 38 (5) Offiziere, 1027 (65) Mann, 904 Pferde, 42 Fahrzeuge,
= Kriege 36 (5)   =   920 (73) = 1069   = 43   =

Finnisches Dragoner-Regiment zu 6 Escadrons:

im Frieden 37 (6) Offiziere, 764 (53) Mann, 667 Pferde, ? Fahrzeuge,
= Kriege 36 (5)   =   866 (62) =   991   = ?   =

---

*) Zur Handhabung des Feld-Polizeidienstes bestimmt.
**) Zur Vertheidigung des Ussuri-Gebiets im Militärbezirk Amur bestimmt.

Krym-Division:*)
im Frieden 17 (5) Offiziere, 356 Mann, 283 Pferde,
„ Kriege wie ein Armee-Dragoner-Regiment;

Feld-Gendarmerie-Escadron:
im Frieden 3 Offiziere, 36 (9) Mann, 23 Pferde, 7 Fahrzeuge,
„ Kriege 10 „ 163 (27) „ 192 „ 8 „

Beim Finnischen Dragoner-Regiment ist die Zahl der Train-Pferde und Fahrzeuge für den Kriegsfall noch nicht festgestellt.

Der Regiments-Train**) eines Armee-Dragoner-Regiments besteht aus:
11 Einspännern: 6 Patronenkarren, 2 Offizierkarren, 1 Sanitätskarren, 1 Apothekenkarren, 1 Veterinär-Apothekenkarren;
29 Zweispännern: 12 Escadronwagen, 17 Regimentswagen;
1 Dreispänner: 1 Commandeurwagen;
2 Vierspännern: 2 Krankenwagen.

4. Artillerie.
a. Feld-Artillerie.

3 Garde-Feld-Artillerie-Brigaden Nr. 1 bis 3.
4 Grenadier-Feld-Artillerie-Brigaden Nr. 1 bis 3 und Kaukasische.
41 (Armee-)Feld-Artillerie-Brigaden Nr. 1 bis 41.
1 Batterie der Offizier-Artillerie-Schule (s. S. 53).
3 (im Kriege 6) Fuß-Gebirgs-Batterien Nr. 1 bis 3 (Krieg 1 bis 6) in Kiew***).

Die Bezeichnung der 48 Feld-Artillerie-Brigaden stimmt mit derjenigen der 48 Infanterie-Divisionen überein.

Eine Feld-Artillerie-Brigade besteht im Kriege und Frieden aus 6 fahrenden Batterien: 2 schweren (Nr. 1 und 2) und 4 leichten (Nr. 3 bis 6). Ausnahmen: die 24. Feld-Artillerie-Brigade zählt seit 1889 2 schwere und 6†) leichte Batterien; die 5. und 6. Batterien der Brigaden Nr. 13, 19, 20, 21, 38, 39 sind keine fahrenden, sondern Gebirgs-Batterien.

Die Batterien haben im Frieden 4, im Kriege 8 bespannte Geschütze. Zur Erhöhung der Kriegsbereitschaft sind jedoch schon im Frieden bei 72 Batterien, von denen 59 an der westlichen Grenze untergebracht sind, 8 Geschütze bespannt. Die Batterie der Offizier-Artillerie-Schule hat 6 Geschütze bespannt (4 leichte und 2 Gebirgs-).

Bespannte Munitionswagen (je 2) haben im Frieden nur die fahrenden Batterien der 38. und 39., sowie die 3. der 21. Artillerie-Brigade. Dagegen haben sämmtliche Gebirgs-Batterien schon im Frieden Packpferde für Munition: die der 13., 19. und 20. Brigade und die 5. der 21., sowie die 3 Kiewschen Batterien je 8, die 6. der 21. Brigade 24, die übrigen je 16.

---

*) Ein Leib-Garde-Krym-Tataren-Commando von 1 Offizier, 7 (1) Mann, 17 Pferden im Frieden und 1 Offizier, 14 (1) Mann, 31 Pferden im Kriege gehört zum Convoi (Leibwache) des Kaisers.
**) Die Einführung eines neuen Trains aus 28 Ein- und 6 Zweispännern ist beschlossen.
***) Im Frieden dem Commandeur der Kiewschen Festungs-Artillerie unterstellt.
†) Die 7. und 8. Batterie treten bei der Mobilmachung wahrscheinlich aus dem Verbande der Brigade, um zur Landesvertheidigung Finnlands verwandt zu werden.

Außerdem sind in den Asiatischen*) Militär-Bezirken vorhanden:
1 Turkestanische Artillerie-Brigade: 4 leichte, 1 Gebirgs-, 2 schwere Batterien.
1 Westsibirische Artillerie-Brigade: 3 leichte, 1 Gebirgs-Batterie.
1 Ostsibirische Artillerie-Brigade: 2 leichte, 2 Gebirgs-Batterien.

Abgesehen von der 2. Turkestanischen Batterie (4 Geschütze, kein Munitionswagen bespannt), haben sämmtliche Batterien der vorgenannten Brigaden schon im Frieden 8 bespannte Geschütze und 8 bespannte Munitionswagen (die 4. Westsibirische hat nur 4 Munitionswagen bespannt), bezw. bei Gebirgsausrüstung 16 bis 32 Packpferde für Munition. Die beiden leichten Ostsibirischen Batterien welche 4 leichte und 4 Gebirgsgeschütze führen, haben im Frieden keine bespannten Munitionswagen, sondern je 16 Packpferde für Munition.

Die Feld-Artillerie besteht demnach im Ganzen aus 290 fahrenden, 19 Gebirgs-, zusammen 309 Batterien, von denen 86 schon im Frieden über 8 bespannte Geschütze verfügen. Bei der Mobilmachung vermehrt sich diese Zahl durch Verdoppelung der Kiewschen Gebirgs-Batterien noch um 3, steigt also auf 22 Gebirgs- bezw. 312 Batterien zu 2496 Geschützen im Ganzen.

Die Sollstärken betragen:

	Offiz.	Mann	Pferde	Geschütze	Munitions-wagen	Vorraths-Laffete	Fahr-zeuge
Schwere Batterien i. Frieden	6	195 (13)	49	8	16	1	8
„ „ „ Krieg	6	237 (28)	217	8	16	1	9
Leichte „ „ Frieden	6	167 (13)	49	8	12	1	8
„ „ „ Krieg	6	205 (23)	191	8	12	1	9
Gebirgs- „ „ Frieden	6	137 (13)	53	8	—	—	—
(der 13. Artillerie-Brigade) „ Krieg	6	233 (67)	211	8	—	—	—

Die Geschütze und Munitionswagen der leichten und schweren Batterien werden mit 6, die Vorraths-Laffeten mit 4 Pferden bespannt.

Der Train besteht aus:
1 vierspännigen Werkzeugwagen;
1 dreispännigen Commandeurwagen;
4 zweispännigen Batteriewagen;
3 zweispännigen Pack- und Lebensmittelwagen.

Eine Gebirgs-Batterie der Feld-Artillerie-Brigaden zählt unter Anderem:
4 Packpferde für jedes Geschütz = 32;
3 „ „ die Vorraths-Laffete;
64 „ „ „ Munitionskasten;
17 „ „ „ Artillerie-Vorrathssachen;
54 „ „ „ Bagage und Proviant.

Die Kiewschen Gebirgs-Batterien besitzen einen tragbaren und fahrbaren Train, daher auch 7 einspännige Karren; dafür aber nur 13 Packpferde für Artillerie-Vorrathssachen und 36 für Bagage ꝛc.

Die zur Krankenpflege nothwendigen Fahrzeuge sind im Batterie-Train nicht vorhanden, sondern werden in der Zahl von 3 vierspännigen Krankenwagen und je 1 einspännigen Sanitäts- und Apothekenkarren in dem, 13 Fahrzeuge zählenden, Train der Brigade mitgeführt.

---

*) Drei Batterien der 20. und 21. Feld-Artillerie-Brigade sind nach Transkaspien abkommandirt.

b. Reitende Artillerie.

5 Reitende Garde-Batterien Nr. 1 bis 5 (Reitende Garde-Artillerie-Brigade).
23 (Armee-) Reitende-Batterien Nr. 1 bis 23.
1 Reitende Batterie der Offizier-Artillerie-Schießschule (siehe Seite 53).
1 Turkestanische Reitende Gebirgs-Batterie.
1 Westsibirische Reitende Gebirgs-Batterie.

Diese 31 reitenden Batterien haben im Frieden und im Kriege 6 Geschütze bespannt, mit Ausnahme der Westsibirischen, für welche im Frieden nur die Bespannung für 2 Geschütze vorgesehen ist. Mit 6 bespannten Munitionswagen sind im Frieden ausgerüstet: 16 für die Cavallerie-Divisionen der westlichen Militärbezirke bestimmte Batterien, sowie die Turkestanische; mit 2: die 3. Garde-, die Westsibirische und die Batterie der Offizier-Schießschule.

Sollstärke einer (Armee-) Reitenden-Batterie mit 6 bespannten Munitionswagen:

	Offiziere	Mann	Pferde	Geschütze	Munitions-wagen	Vorraths-Laffete	Fahrzeuge
Frieden:	5 (2)	167 (18)	186	6	12	1	11
Krieg:	5 (2)	180 (32)	265	6	12	1	12

Geschütze und Munitionswagen sind mit 6, die Vorraths-Laffete mit 4 Pferden bespannt. Der Train besteht aus:

1 vierspännigen Werkzeugwagen,
1 = Krankenwagen,
4 zweispännigen Batteriewagen,
4 = Pack- und Lebensmittelwagen rc.,
1 einspännigen Apothekenkarren,
1 dreispännigen Commandeurwagen.

c. Mörser-Batterien.

2 Artillerie-Mörser-Regimenter Nr. 1 und 2.

Die beiden im November 1889 errichteten Regimenter zerfallen in je 4 Batterien (Nr. 1 bis 4). Eine Batterie bespannt im Frieden 6 Geschütze und 6 Munitionskarren, im Kriege 6 Geschütze, 6 Munitionskarren, 18 Munitionswagen, 1 Vorraths-Laffete.

Die Mörser-Regimenter unterstehen den Oberbefehlshabern der Militärbezirke Wilna und Kiew und werden im Kriege den Armeen zugetheilt.

Sollstärke eines Mörser-Regiments:

	Offiziere	Mann	Pferde	Geschütze	Munitions-karren	Munitions-wagen	Vorraths-Laffeten	Fahrzeuge
Frieden:	25 (4)	689 (52)	261	24	24	72	4	43
Krieg:	25 (4)	862 (109)	756	24	24	72	4	44

Die Mörser werden mit 6, Munitionswagen und Vorraths-Laffeten mit je 4, Munitionskarren mit 1 Pferde bespannt.

Der Train besteht aus:

6 Einspännern: 3 Offizierkarren,
2 Apothekenkarren,
1 Sanitätskarren;

```
31 Zweispännern:   3 Regiments=Packwagen,
                  12   =   Artillerie=Vorrathswagen,
                  12 Batterie=Packwagen,
                   4   =   Artillerie=Vorrathswagen;
 1 Dreispänner:    1 Commandeurwagen;
 6 Vierspännern:   2 Krankenwagen,
                   4 Batterie=Werkzeugwagen.
```

5. Ingenieurtruppen.

Der größte Theil der Ingenieurtruppen ist in 6 Sappeur= und 1 Eisen=bahn=Brigade vereinigt. Es gehören zur:

1. Sappeur=Brigade (Stab: 4 [1] Offiziere, 6 Mann):
   3 Sappeur=Bataillone: Leib=Garde=, Grenadier= und Nr. 1,
   1 Pontonnier=Bataillon Nr. 1,
   1 Eisenbahn=Bataillon Nr. 1,
   3 Militär=Telegraphen=Parks Nr. 1 bis 3;

2., 3., 4., 5. Sappeur=Brigade:
   je 3 Sappeur=Bataillone Nr. 2 bis 4, 5 bis 7, 8 bis 10, 11 bis 13,
   je 2 Pontonnier=Bataillone Nr. 2 bis 3, 4 bis 5, 6 bis 7, 8,
   (die 5. Sappeur=Brigade hat wie die 1. nur ein Pontonnier=Bataillon);
   je 3 Militär=Telegraphen=Parks Nr. 4 bis 6, 7 bis 9, 10 bis 12,
     13 bis 15;

Kaukasischen Sappeur=Brigade:
   2 Sappeur=Bataillone: 1. und 2. Kaukasisches,
   2 Militär=Telegraphen=Parks: 1. und 2. Kaukasischer;

Eisenbahn=Brigade (Stab: 4 [1] Offiziere, 6 Mann):
   3 Eisenbahn=Bataillone Nr. 2, 3, 4.

Die 6 Sappeur=Brigaden haben im Frieden gleichzeitig die Bestände eines Feld=Ingenieur=Parks zu verwalten.

a. Sappeure.

17 Sappeur=Bataillone:
   1 Leib=Garde=Bataillon,
   1 Grenadier=Bataillon,
  13 Armee=Bataillone Nr. 1 bis 13,
   2 Kaukasische Bataillone Nr. 1 und 2.

Die Bataillone bestehen im Frieden aus 5, im Kriege aus 4 Compagnien. Die 5. Compagnien werden zur Aufstellung von Reserve=Formationen (siehe Seite 47) benutzt. Die 17 mobilen Bataillone werden den Armee=Obercommandos unterstellt und von diesen nach Bedarf ganz oder in Compagnien getheilt den Armee=Corps oder Divisionen überwiesen.

Außerhalb des Brigadeverbandes sind in den Asiatischen Militärbezirken noch vorhanden:
   1 Turkestanisches Sappeur=Halbbataillon,
   1 Ostsibirische Sappeur=Compagnie,
   1 Westsibirische Sappeur=Compagnie } mit je einem Telegraphen= und
   1 Transkaspische Sappeur=Compagnie } Heliographen=Commando.

Sollstärke eines (Armee-) Sappeur-Bataillons:
Frieden: 26 (2) Offiziere, 620*) (34) Mann, 15 Pferde, 46 Fahrzeuge,
Krieg: 23 (3) = 959 (79) = 128 = 47 =
Der Train besteht aus:
 12 einspännigen Karren: 4 Patronenkarren,
         1 Sanitätskarren,
         1 Apothekenkarren,
         6 Offizierkarren;
 21 zweispännigen Wagen: 16 Compagniewagen,
         5 Bataillonswagen;
 9 dreispännigen Wagen : 8 Ingenieurwagen,
         1 Commandeurwagen;
 5 vierspännigen Wagen: 4 Ingenieurwagen,
         1 Krankenwagen.

b. Pontonniere.

8 Pontonnier-Bataillone Nr. 1 bis 8 zu 2 Compagnien. Die mobilen Bataillone werden auf die Armeen vertheilt.

Sollstärke:

Frieden: 12 (2) Offiziere, 250 (27) Mann, 12 Pferde, 122 Fahrzeuge.
Krieg: 12 (2) = 533 (58) = 506 = 123 =
Der Brücken-Train besteht aus:
100 vierspännigen Wagen und 2 einspännigen Karren für Feldschmieden.
Der Truppen-Train aus:
 5 Einspännern: 1 Offizierkarren,
      2 Patronenkarren,
      1 Apothekenkarren,
      1 Sanitätskarren;
 14 Zweispännern: 10 Compagniewagen,
       4 Bataillonswagen;
 1 Dreispänner: 1 Commandeurwagen;
 1 Vierspänner: 1 Krankenwagen.

Das Brückengeräth setzt sich zusammen aus: 44 Halbpontons als Vorder-, 12 Halbpontons als Mittelkassen, 1 Ankerboot, 6 Bockholmen, 36 Bockfüßen, 224 Knaggenbalken, 444 Belagbrettern. Dasselbe reicht aus zum Schlagen einer Pontonbrücke von 215 bis 311 m, einer Bockbrücke von 47 m Länge. Der Brückentrain kann in vier Abtheilungen zerlegt werden, von denen jede die Mittel zum Bau einer Pontonbrücke von 60 m hat.

c. Eisenbahn-Bataillone.

6 Eisenbahn-Bataillone Nr. 1 bis 4, sowie 1. und 2. Transkaspisches. Die Bataillone sind im Frieden aus 2 Bau-, 2 Betriebs- und 1 Stamm-Compagnie, im Kriege aus 2 Bau- und 2 Betriebs-Compagnien zusammengesetzt. Die Stamm-Compagnie dient bei der Mobilmachung zur Aufstellung von Reserve-Bataillonen.

Die beiden Transkaspischen Bataillone sind keinem höheren Verbande zugetheilt.

---

*) Die Zahl der Streitbaren erhöht sich durch etatsmäßige Musikchöre beim Garde-Bataillon auf 683, beim 2., 5., 8., 11. und Kaukasischen auf 654 Mann.

Sollstärke eines Eisenbahn-Bataillons
Frieden: 25 (3) Offiziere, 596 (29) Mann, 10 Pferde, 42 Fahrzeuge,
Krieg: 25 (5)   "   1045 (67)   "   100 "   43   "

Der Train setzt sich wie folgt zusammen:
12 Einspänner: 4 Patronenkarren,
                1 Apothekenkarren,
                1 Sanitätskarren,
                6 Offizierkarren;
29 Zweispänner: 21 Packwagen,
                 8 Geräthewagen;
 1 Dreispänner: 1 Commandeurwagen;
 1 Vierspänner: 1 Krankenwagen.

d. Torpedo-Compagnien.

8 Festungs-Torpedo-Compagnien in Kronstadt, Sweaborg, Wyborg, Dünamünde, Otschakow, Sewastopol, Kertsch, Batum. Dieselben unterstehen dem Ingenieuroffizier vom Platz und dem Chef der Ingenieure des Militärbezirks, sowie dem Festungscommandanten, und dienen zur Vertheidigung der Häfen der Ostsee und des Schwarzen Meeres mittelst Torpedos.

Sollstärke der 3 Compagnien in Kronstadt, Sweaborg, Sewastopol bezw. der 5 in Wyborg u. s. w.:

Frieden: je 6 (1) bezw. 5 (1) Offiziere, 160 (14) bezw. 87 (11) Mann,
Krieg: " 11 (1)   "   6 (1)   "   165 (14)   "   88 (11) "

6. Trains und Colonnen.
a. Train-Bataillone.

Im Frieden: 5 (1889 errichtete) Train-Cadre-Bataillone, Nr. 1, 2, 4, 5, zu vier, Nr. 3 zu zwei Compagnien, welche durchlaufend die Nummern 1 bis 18 führen und in fünf Züge zerfallen. Die Bataillone sind den Local-Brigaden unterstellt und werden vom Hauptstabe verwaltet; bei jedem besteht eine Niederlage von Fahrzeugen und Vorräthen für den Kriegsbedarf. Fehlende Fahrzeuge sind mit den Mobilmachungs-Pferden von der Bevölkerung zu stellen. Die Offiziere rechnen zu den Infanterie-Offizieren.

Im Kriege: 18 Train-Bataillone Nr. 1 bis 18 zu je fünf Kriegstransporten = 90. Dieselben werden auf die Armeen vertheilt. Die Bataillonscommandeure der Friedenszeit sollen zu Chefs der Armeetransporte, die Compagniechefs zu Commandeuren der Kriegs-Bataillone ernannt werden.

Die Kriegstransporte, welche entweder Wagen- oder Tragthier-Transporte sind, werden in zwei Züge zu vier Sectionen eingetheilt. Die Wagentransporte bestehen aus zwei-, drei- oder vierspännigen Fahrzeugen.

Friedensstand eines Train-Bataillons zu 4 Compagnien:
12 (3) Offiziere, 378 (21) Mann, 80 Pferde, 40 Fahrzeuge.

Kriegsstand eines Train-Bataillons zu 5 zweispännigen Wagentransporten:

Stab: 1 (2) Offiz., —   (10) Mann, 11 Pferde, 3 Fahrz.
5 Transp.: 15 (10)   "   65 (1090) "   2030   "   915   "
Summe: 16 (12) Offiz., 65 (1100) Mann, 2041 Pferde, 918 Fahrz.

Ein Tragthier-Transport ist stark:
3 (2) Offiziere, 7 (197) Mann, 362 Pferde.

Auf 172, 124 bezw. 108 zwei-, drei-, bezw. vierspännigen Fahrzeugen eines Wagentransportes wird für 10 000 Mann ein viertägiger Vorrath an Zwieback und Grütze, ein acht- bezw. zehntägiger an Salz bezw. Thee und Zucker, sowie für 1600 Pferde ein dreitägiger Hafervorrath mitgeführt; zur Fortschaffung des Gepäcks und des eigenen fünftägigen Verpflegungsbedarfs dienen 11, 7 oder 5 Fahrzeuge eines Transportes. Ein Tragthier-Transport vermag das Gleiche nur für 4000 Mann und 600 Pferde zu leisten.

b. Truppen-Trains.

Die 1885 angenommene Neuordnung der Truppen-Trains baut sich auf dem Grundsatze auf, daß die Beweglichkeit der Truppen in Hinblick auf die schlechte Beschaffenheit der Wege und die geringe Leistungsfähigkeit der Mobilmachungs-Pferde möglichst leichte Fahrzeuge erfordere. Dies bedingte eine völlige zeitraubende Umgestaltung der Truppen-Trains. Die „Normal-Organisation" derselben ist in Folge dessen bis jetzt noch nicht überall durchgeführt; ein Theil der Truppentheile wird sich noch geraume Zeit mit der „Uebergangs-Organisation" begnügen müssen, welche die alten schweren Fahrzeuge theilweise beibehält. Alle Angaben in diesem Bericht beziehen sich jedoch nur auf die „Normal-Organisation."

Die Truppen-Trains zerfallen in Regiments- und Divisions-Trains.

Der Regiments-Train dient zur Fortschaffung desjenigen Vorraths an Ausrüstung, Verpflegung, Munition rc., dessen die Truppe zu ihrem Unterhalt auch in naher Berührung mit dem Feinde nicht entbehren kann. Die Zusammensetzung desselben ist bereits bei den einzelnen Truppentheilen angegeben. Die Benennung wechselt nach der Bezeichnung des selbständigen Truppentheils, zu dem der Train gehört: „Regiments-, Bataillons-, Batterie-, Park- rc. Train."

Der Regiments-Train wird nach der Vertheilung der Bagage in „Compagnie-" (Escadrons-) und in „Regiments-" (Bataillons-) Train eingetheilt, d. h. jede Compagnie rc. hat ihre eigenen Wagen, welche ihr bei Entsendungen zur Fortschaffung des nothwendigsten Bedarfs an Munition, Lebensmitteln rc. mitgegeben werden. Diese Eintheilung trifft nicht zu für die Batterien, welche nur einen „Batterie-Train" haben.

Zu Verwaltungszwecken und aus taktischen Gründen bei Märschen in der Nähe des Feindes wird der Regiments-Train in zwei Staffeln getheilt, welche im Allgemeinen der Deutschen kleinen und großen Bagage entsprechen.

Die 1. Staffel, welche auf dem Marsche dem betreffenden Truppentheile unmittelbar folgt, umfaßt bei der Infanterie die Hälfte der Compagnie-Patronenkarren, die Offizierkarren und den gesammten Lazarethtrain; bei der Cavallerie: sämmtliche Patronenkarren, den Lazarethtrain, die Hälfte der Escadronswagen und die Offizier-Handpferde; bei einer fahrenden oder reitenden Batterie: den Special-Train (Munitionswagen, Reserve-Laffete), den Lazareth-Train und die Artillerie-Vorrathswagen; bei den Ingenieur-Truppen wie bei der Infanterie und außerdem noch der Special-Train, je nach den Umständen ganz oder zum Theil.

Die 2. Staffel befindet sich auf dem Marsche ½ bis 8 km hinter der Queue der fechtenden Truppen, wobei die Patronenkarren an der Spitze, die übrigen Wagen in der Reihenfolge der Truppen marschiren.

Als Beispiele der Marschordnung der Truppenkörper folgt hier die Darstellung der Marschordnung eines Infanterie-Regiments mit Regiments-Train,
    " " Cavallerie- " " "
    " fahrender und reitender Batterien mit Batterie-Train.

Marschordnung
eines Infanterie-Regiments mit Regiments-Train.

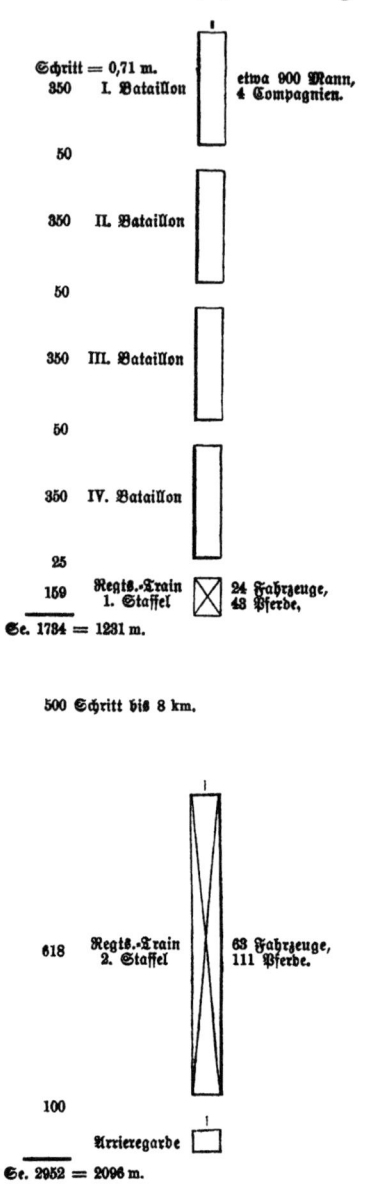

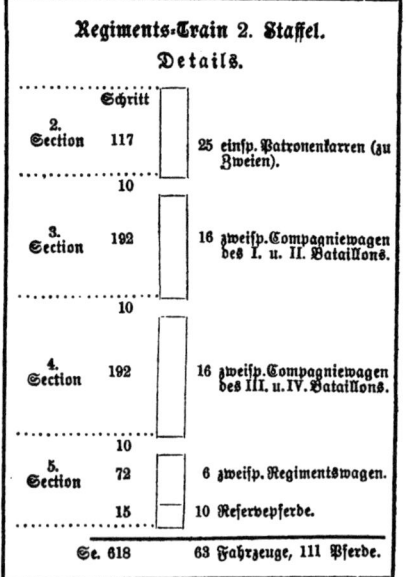

Regiments-Train 1. Staffel.
Details.

NB. Die 1. Staffel bildet die 1. Section des Regiments-Trains.

	Schritt	
	12	1 eigener Wagen des Commandeurs,
	36	8 einsp. Patronenkarren (zu Zweien).
	18	4 einsp. Apothekenkarren (zu Zweien).
1. Section	12	1 zweisp. Sanitätswagen.
	48	4 viersp. Krankenwagen.
	27	6 einsp. Offizierkarren (zu Zweien).
	6	4 Reservepferde (zu Zweien).
Se. 159		24 Fahrzeuge, 43 Pferde.

Regiments-Train 2. Staffel.
Details.

	Schritt	
2. Section	117	25 einsp. Patronenkarren (zu Zweien).
	10	
3. Section	192	16 zweisp. Compagniewagen des I. u. II. Bataillons.
	10	
4. Section	192	16 zweisp. Compagniewagen des III. u. IV. Bataillons.
	10	
5. Section	72	6 zweisp. Regimentswagen.
	15	10 Reservepferde.
Se. 618		63 Fahrzeuge, 111 Pferde.

Marschordnung
eines Cavallerie-Regiments mit Regiments-Train.

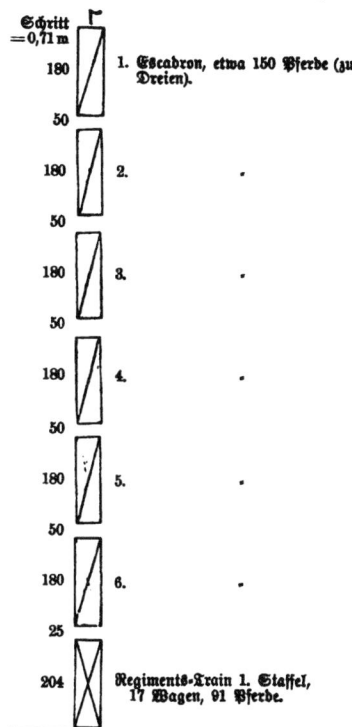

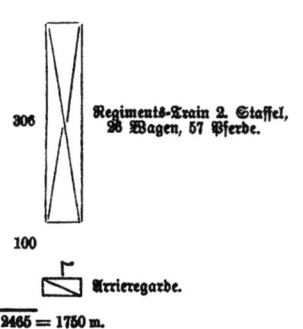

	Regiments-Train 1. Staffel. Details.	
Schritt		
12		1 eigener Wagen des Commandeurs.
27		6 einsp. Patronenkarren.
9		2 einsp. Apotheken- u. Sanitätskarren.
24		2 vierfp. Krankenwagen.
72		6 zweisp. Escabronswagen 1. Staffel.
60		40 Handpferde und 20 berittene Pferdepfleger.
Se. 204		17 Wagen, 91 Pferde.

	Regiments-Train 2. Staffel. Details.	
Schritt		
72		6 zweisp. Escabronswagen.
204		17 zweisp. Wagen des eigentlichen Regiments-Trains.
18		3 einsp. Karren.
12		8 Reservepferde.
Se. 306		26 Wagen, 57 Pferde.

Die Russische Armee in Krieg und Frieden.

Marschordnung fahrender und reitender Batterien mit Batterie-Train.

Schwere
(2 Halb-Batterien, 4 Züge).

8 Geschütze (10,67 cm),
16 Munitionswagen (6spänn.),
1 Werkzeugwagen (4spänn.),
1 Vorraths-Lafette (4spänn.),
4 Batteriewagen (2spänn.),
3 Pack- u. Lebensmittelwagen (2spänn.),
1 Commandeurwagen (3spänn.).

Se. 34 Fahrzeuge.

Leichte
(2 Halb-Batterien, 4 Züge).

8 Geschütze (8,7 cm),
12 Munitionswagen (6spänn.),
1 Werkzeugwagen (4spänn.),
1 Vorraths-Lafette (4spänn.),
4 Batteriewagen (2spänn.),
3 Pack- u. Lebensmittelwagen (2spänn.),
1 Commandeurwagen (3spänn.).

Se. 30 Fahrzeuge.

Reitende
(3 Züge).

6 Geschütze (8,7 cm),
12 Munitionswagen (6spänn.),
1 Werkzeugwagen (4spänn.),
1 Vorraths-Lafette (4spänn.),
4 Batteriewagen (2spänn.),
1 Krankenwagen (4spänn.),
1 Apothekenkarren (1spänn.),
1 Commandeurwagen (3spänn.).

Se. 31 Fahrzeuge.

Batterie-Train

	1. Wagenstaffel			2. Wagenstaffel			Batterie-Train 2. St.		
	schwere	leichte	reitende	schwere	leichte	reitende	schwere	leichte	reitende
Munitionswagen	4	4	3	12	8	3	—	—	6
Vorrathswagen	—	—	—	1	1	1	—	—	—
Vorraths-Lafetten	—	—	—	1	1	1	—	—	—
Batteriewagen	—	—	—	1	1	1	4	3	4
Pack- und Lebensmittelwagen	—	—	—	—	—	—	3	3	—
Krankenwagen	—	—	—	—	—	—	—	—	4
Apothekenkarren	—	—	—	—	—	—	—	—	—
Eigener Wagen d. Commandeurs	—	—	—	—	—	—	—	—	—
Summe	4	4	3	15	11	8	7	7	14

Der Regiments-Train ist unterstellt:

bei einem Infanterie-Regiment: dem Commandeur der Nichtstreitbaren-Compagnie;

bei einem Cavallerie- und Kasaken-Regiment: einem besonderen Offizier nach Bestimmung des Regimentscommandeurs;

bei einem Schützen-, Linien- 2c. Bataillon: einem älteren Train-Unteroffizier;

bei den Sappeur-, Pontonnier-, Eisenbahn-Bataillonen, wenn das Bataillon beisammen ist, einem besonderen Offizier nach Bestimmung des Bataillonscommandeurs.

Der Divisions-Train besteht bei den Infanterie- und Cavallerie-Divisionen, sowie als „Brigade-Train" bei den Schützen-Brigaden. Die Sappeur- 2c. Brigaden haben keinen derartigen Train, da deren Verbände im Kriege zerrissen werden.

Der Divisions-Train ist eine Vereinigung von Theilen der Deutschen Trains und Colonnen und folgt der Division auf einen Tagemarsch als 3. Staffel. Friedens-Stämme sind nicht vorhanden. Das Material wird zum größten Theile bei den Truppentheilen aufbewahrt und dort auf den Kriegsfuß gebracht.

Der Divisions-Train einer Infanterie-Division umfaßt:

1. Die „Allgemeine Abtheilung, welche 6 Offiziere, 140 Mann, 262 Pferde, 45 Fahrzeuge (42 drei- und 3 einspännige) zählt und zur Fortschaffung von Schanzzeug, Packsätteln (40 für jedes Infanterie-Regiment, 21 für die Artillerie-Brigaden), Bekleidung und Schuhzeug dient. Außerdem werden für jedes Regiment und jede Batterie 10 Reserve-Pferde mitgeführt. Die Allgemeine Abtheilung zerfällt in sechs Züge:

	1.	2.	3.	4.	5.	6.
	Zug					
Dreispännige Fahrzeuge	9	7	7	7	2	6
„ Packwagen des Stabes des Divisions-Trains und der Allgemeinen Abtheilung . . .	—	—	—	—	—	3
Einspännige Apothekenkarren . .	—	—	—	—	—	1
„ Sanitätskarren . .	—	—	—	—	—	1

Außerdem ist noch 1 einspänniger Karren und 1 eigener dreispänniger Wagen für den Commandeur des Divisions-Trains vorhanden.

Die ersten 4 Züge sind für die entsprechenden Infanterie-Regimenter der Division, der 5. für die Artillerie-Brigade, 6 Fahrzeuge des 6. Zuges für den Divisions-Stab bezw. das bei der Division befindliche Cavallerie-Regiment bestimmt. Der 1. Zug enthält 2 Kirchenwagen; im 6. werden die Reserve-Pferde mitgeführt.

Die Züge 1 bis 5 werden durch Abgaben der Truppentheile gebildet; der 6. wird im Divisions-Stabsquartier aufgestellt.

2. Die Proviant-Abtheilung, welche in einen „Ausgabe-" und einen „Reserve-Transport" zerfällt. Dieselbe formirt sich im Kriege wie die Allgemeine Abtheilung.

Der 5 Offiziere, 214 Mann, 506 Pferde, 150 Fahrzeuge starke Ausgabe-Transport ist mit einem viertägigen Vorrath an Zwieback und Grütze, einem acht- bezw. zehntägigen an Salz bezw. Thee und Zucker beladen und dient zur Auffrischung der entsprechenden Bestände des Regiments-Trains. An dreispännigen Fahrzeugen enthalten die ersten 4 Züge je 31 für die vier Infanterie-Regimenter, der 5. enthält 12 für die Artillerie-Brigade, der 6. 14 für den Divisions-Stab und alle Abtheilungen des Divisions-Trains.

Der Reserve-Transport ist 6 Offiziere, 233 Mann, 556 Pferde, 165 Fahrzeuge stark und zur Heranführung von Lebensmitteln aus den nächsten Ausgabemagazinen behufs Ergänzung der verausgabten Vorräthe des Ausgabe-Transportes bestimmt. Derselbe dient gleichzeitig als allgemeine Reserve für die Fahrzeuge der Division. Der fortzuschaffende Verpflegungsvorrath entspricht dem des Ausgabe-Transportes. Die ersten 4 Züge bestehen aus je 34, der fünfte aus 13, der 6. aus 18 dreispännigen Fahrzeugen.

3. Die „Sanitäts-Abtheilung", welche aus 1 Divisions-Lazareth und 2 beweglichen Feldhospitälern besteht.

Das Divisions-Lazareth entspricht dem Deutschen Sanitäts-Detachement und ist 7 Offiziere (einschl. 5 Aerzte), 285 Mann, 82 Pferde, 29 Fahrzeuge stark. Die in der angegebenen Sollstärke enthaltene Krankenträger-Compagnie zählt 1 Offizier, 217 Mann.

Das Divisions-Lazareth errichtet auf dem Schlachtfelde den Hauptverbandplatz und sorgt für den Transport der Verwundeten in die nächsten Heilanstalten. Die Fahrzeuge bestehen aus 8 vierspännigen Krankenwagen, 1 vierspännigen Zeltwagen, 15 zweispännigen Lebensmittel-, Geräthe- rc. Wagen, 3 einspännigen Apothekenkarren und 2 eigenen Wagen der Aerzte.

Das „bewegliche Feldhospital", für das eine Sollstärke von 9 Aerzten rc., 4 Barmherzigen Schwestern, 107 Mann, 67 Pferden, 29 Fahrzeugen festgesetzt ist, entspricht dem Deutschen Feldlazareth und dient zur Heilung von Kranken und Verwundeten. Die Einrichtung desselben reicht zur Aufnahme von 10 Offizieren und 200 Mann aus. Die 29 Fahrzeuge setzen sich zusammen aus 4 einspännigen Apothekenkarren, 19 zweispännigen Lebensmittel- rc. Wagen, 1 vierspännigen Wagen für die Barmherzigen Schwestern, 1 vierspännigen Zeltwagen und 4 eigenen Wagen der Aerzte.

Die Sanitäts-Abtheilungen werden in den Divisions-Stabsquartieren mobil gemacht; Fahrzeuge und Vorräthe, soweit letztere für das Divisions-Lazareth und ein Feldhospital bei der Mobilmachung aus den Ueberschüssen der Friedens-Lazarethe ergänzt werden, lagern im Frieden bei einem oder mehreren Truppentheilen der Division.

Wenn einer Infanterie-Division Artillerie-Parks oder Abtheilungen eines Feld-Ingenieur- oder Militär-Telegraphen-Parks zugetheilt werden, so treten dieselben als Artillerie- oder Ingenieur-Abtheilung zum Divisions-Train.

Nach Vorstehendem stellt sich die Marschordnung einer Infanterie-Division wie folgt: (Siehe Skizze S. 38 und 39.)

Den Divisions-Train einer Cavallerie-Division, der in derselben Weise wie der einer Infanterie-Division formirt wird, bildet:

1. Die „Allgemeine Abtheilung" zu 6 Offizieren, 98 Mann, 134 Pferden, 26 Fahrzeugen. Letztere bestehen aus: 1, 3 bezw. 4 zweispännigen Fahrzeugen für jede Batterie, jedes Kasaken- bezw. Cavallerie-Regiment, 6 Zweispännern für den Stab der Division und des Divisions-Trains, sowie der Allgemeinen Abtheilung, 1 einspännigen Karren und 1 dreispännigen Wagen für den Commandeur und 1 einspännigen Apothekenkarren. Kirchenwagen fehlen. Es werden

— 37 —

60 Reservepferde, Bekleidung, Schuhzeug und Hufeisen mitgeführt, keine Packsättel und kein Schanzzeug. Eine Eintheilung in Züge findet nicht statt.

2. Die „Proviant=Abtheilung". Es ist nur ein Ausgabe=, kein Reserve=Transport vorhanden.

Sollstärke: 2 Offiziere, 72 Mann, 114 Pferde, 48 Fahrzeuge.

Der viertägige Vorrath an Lebensmitteln (wie bei der Infanterie=Division) ist auf zweispännigen Fahrzeugen verladen: 10 für jedes Regiment, 2 für jede Batterie und 2 für den Divisions=Stab und Train. 2 zweispännige Wagen sind mit der Bagage des Transports bepackt.

Die Allgemeine= und Proviant=Abtheilung des Brigade=Trains einer Schützen=Brigade wurden 1886 ineinander verschmolzen. Die Formirung des Brigade=Trains im Mobilmachungsfalle und die Beladung seiner 107 zweispännigen Fahrzeuge erfolgt nach gleichen Grundsätzen wie beim Divisions=Train einer Infanterie=Division.

Die Anfang 1889 erfolgte Umwandelung der Armee=Schützen=Bataillone in Regimenter zu 2 Bataillonen bedingte auch eine entsprechende Verstärkung des für die Armee=Schützen=Brigaden bestimmten Brigade=Trains. Es ist anzunehmen, daß für diese 5 Brigaden die in der Normal=Organisation des Brigade=Trains vorgesehenen Unterabtheilungen desselben wieder hergestellt sind. Der Brigade=Train einer Armee=Schützen=Brigade würde demnach zerfallen in

1. die „Allgemeine Abtheilung" mit einer Sollstärke von 2 Offizieren, 39 Mann, 73 Pferden, 1 dreispännigen eigenen Commandeurwagen, 19 zweispännigen Fahrzeugen; von letzteren sind 4 für jedes Regiment, 3 für den Stab der Brigade und den Train bestimmt. Als Pferde=Reserve sind 24 Pferde eingerechnet.

2. Die „Proviant=Abtheilung".

Der Ausgabe = Transport derselben zählt: 1 Offizier, 111 Mann, 205 Pferde, 90 zweispännige Fahrzeuge.

Für jedes Regiment sind 22, für den Brigade=Stab und Train 2 Wagen vorgesehen.

Der Reserve=Transport ist: 1 Offizier, 119 Mann, 221 Pferde, 98 zweispännige Fahrzeuge stark. Auf jedes Regiment kommen 24, auf den Brigade=Stab und Train 2 Wagen.

Außerdem kann der Brigade=Train noch durch einen fliegenden Schützen=Artillerie=Park verstärkt werden (siehe Seite 17 und 40).

c. Special=Artillerie=Trains.

α) Fliegende Artillerie=Parks.

Die im Frieden vorhandenen 48 fliegenden Artillerie=Parks zu je 5 Offizieren, 76 Mann, 6 Pferden, sind dem Artillerie=Chef des Armee=Corps und, wenn sie keinem Corps zugetheilt sind, den entsprechenden Feld=Artillerie=Brigaden unterstellt.

Dieselben entwickeln sich im Kriege zu 48 fliegenden Park=Artillerie=Brigaden, welche den Artillerie=Chefs der Armee=Corps unterstehen. Anzahl und Bezeichnung stimmt in beiden Fällen mit derjenigen der Feld=Artillerie=Brigaden und Infanterie=Divisionen überein (3 Garde=, 4 Grenadier=, Nr. 1 bis 41).

Eine fliegende Park=Artillerie=Brigade besteht außer dem Stabe (6 Offiziere, 15 Mann, 23 Pferden, 7 Fahrzeugen) aus dem:

Park Nr. 1 und 2 mit Patronen zu je 4 Offizieren, 178 Mann, 177 Pferden, 29 Fahrzeugen;

Marschordnung
einer Infanterie-Division.

Schritt = 0,71 m.

350	☐	I/1
50		
612	ıļı	1. schwere Batterie.
50		
350	☐	II/1 } 1. Regiment mit 1. schwerer Batterie nebst deren Train 1. Staffel.
50		
350	☐	III/1
50		
350	☐	IV/1
25		
219	⊠	Train 1. Staffel 1. Regiments, eigene Wagen des Divisions-Stabes und des Brigadecommandeurs.
100		
350	☐	I/2
50		
612	ıļı	2. schwere Batterie.
50		
350	☐	II/2 } 2. Regiment mit 2. schwerer Batterie nebst deren Train 1. Staffel.
50		
350	☐	III/2
50		
350	☐	IV/2
25		
159	⊠	Train 1. Staffel 2. Regiments.
200		
350	☐	I/3
50		
350	☐	II/3
50		} 3. Regiment.
350	☐	III/3
50		
350	☐	IV/3
25		
171	⊠	Train 1. Staffel 3. Regiments, eigener Wagen des Brigadecommandeurs.
100		
2210	ıļı 3. ıļı 4. ıļı 5. ıļı 6.	(leichte) Batterie nebst deren Train erster Staffel und dem eigenen Wagen des Artillerie-Brigadecommandeurs.
100		
1734	▯	4. Regiment mit 1. Staffel.
	⊠	

Sa. 11 042 = 7840 m.   Länge der Division mit Train 1. Staffel.

Abstand 500 Schritt bis 8 km.

Schritt.		
48	⊠	Train des Divisions-Stabes.
25		
618	⊠	Train 2. Staffel des 1. Regiments.
25		
84	⊠	Train 2. Staffel der 1. schweren Batterie.
25		
618	⊠	Train 2. Staffel des 2. Regiments.
25		
84	⊠	Train 2. Staffel der 2. schweren Batterie.
25		
618	⊠	Train 2. Staffel des 3. Regiments.
25		
485	⊠	Train des Stabes der Artillerie-Brigade und der 4 leichten Batterien.
25		
618	⊠	Train 2. Staffel des 4. Regiments.

} Train 2. Staffel 310 Fahrzeuge.

Se. 3298 = 2342 m.

Länge der ganzen Division mit Regimentstrain 2. Staffel 14340 Schritt = 10182 m.

Es folgt auf einen Tagemarsch:

Schritt.		
330	⊠	Divisions-Lazareth.
25		
318	⊠	} 2 bewegliche Feldhospitäler.
25		
318	⊠	
25		
426	⊠	Allgemeine Abtheilung.
25		
1800	⊠	Ausgabe-Transport.
25		
1960	⊠	Reserve-Transport.

} Proviant-Abtheilung.

Divisions-Train (3. Staffel) 447 Fahrzeuge, 1540 Pferde. (Die unter Umständen zugetheilten Artillerie- und Ingenieur-Abtheilungen des Trains sind nicht berücksichtigt.)

Se. 5297 = 3760 m.

Park Nr. 3 und 4 mit Artillerie-Munition zu je 5 Offizieren, 322 Mann, 337 Pferden, 56 Fahrzeugen bezw. bei Ausrüstung mit fahrbarem und tragbarem Train zu je 5 Offizieren 389 Mann, 381 Pferden, 43 Fahrzeugen.

Die Artillerie-Parks entsprechen den Deutschen Munitions-Colonnen und gliedern sich in je 2 Halbparks, die wieder in 2 Züge zu 2 Sectionen zerfallen. Ein Park mit Patronen enthält in 24 sechsspännigen Munitionswagen (außerdem noch 1 vierspänniger Werkzeug- und 4 zweispännige Packwagen): 413 568 Gewehr- und 2880 Revolverpatronen.

Ein Park mit Artillerie-Munition umfaßt 48 sechsspännige Munitions-, 2 vierspännige Werkzeug-, 6 zweispännige Packwagen bezw. 12 Munitionswagen weniger und 104 Packpferde mehr und enthält im 1. und 3. Zuge: 492 Granaten, 540 Shrapnels, 48 Kartätschen für schwere, im 2. und 4. Zuge: 912 Granaten, 900 Shrapnels, 48 Kartätschen für leichte und reitende Batterien.

Die Park-Artillerie-Brigaden werden von den Corpscommandos nach Bedarf den Divisionen zugetheilt.

5 fliegende Schützen-Artillerie-Parks (1889 formirt) sorgen für die Munitions-Ergänzung der 5 Armee-Schützen-Brigaden. Sollstärke eines Parks:

im Frieden: 2 Offiziere, 55 Mann, 4 Pferde, 30 Fahrzeuge;
im Kriege: 4 Offiziere, 178 Mann, 177 Pferde, 30 Fahrzeuge.

In 24 sechsspännigen Munitions-Wagen werden 413 568 Gewehr- und 2880 Revolver-Patronen mitgeführt. 2 zweispännige Geräthe- und 4 zweispännige Packwagen bilden den Rest der Fahrzeuge.

2 fliegende Mörser-Artillerie-Parks Nr. 1 und 2.
Friedensstärke je 5 Offiziere, 76 Mann, 6 Pferde.

Im Kriege werden aus den beiden Parks 2 Mörser-Park-Artillerie-Brigaden zu je 4 fliegenden Mörser-Artillerie-Parks Nr. 1 bis 4 formirt.

Sollstärken:

Stab: 6 Offiziere, 15 Mann, 23 Pferde, 7 Fahrzeuge (darunter 1 Krankenwagen, 1 Sanitäts- und 1 Apothekenkarren); Park: 4 Offiziere, 153 Mann, 127 Pferde, 30 Fahrzeuge (darunter 24 sechsspännige Munitions-, 2 zweispännige Werkzeug-, 4 zweispännige Packwagen).

Jedes Artillerie-Mörser-Regiment hat demnach zur unmittelbaren Munitionsversorgung eine Mörser-Artillerie-Park-Brigade zur Verfügung.

β) Bewegliche Artillerie-Parks.

56 bewegliche Artillerie-Parks Nr. 1 bis 56 bestehen im Frieden nur aus schwachen Stämmen bei den Bezirks-Artillerie-Depots. Das Material wird in den Niederlagen der Bezirks-Artillerie- und Bezirks-Intendantur-Verwaltungen aufbewahrt.

Ein beweglicher Artillerie-Park hat eine Kriegsstärke von 5 Offizieren, 321 Mann, 337 Pferden, 56 Fahrzeugen, und enthält im: 1. Halbpark zu 20 Patronenwagen: 343 296 Gewehr- und 5760 Revolver-Patronen, 2. Halbpark zu 28 Munitionswagen: 246 Granaten, 270 Shrapnels, 24 Kartätschen für schwere, 608 Granaten, 640 Shrapnels, 32 Kartätschen für leichte Geschütze.

Je 2 Parks sind zur unmittelbaren Munitions-Versorgung der Reserve-Divisionen I. Ordnung bestimmt, während je 1 Park für die Reserve-Divisionen II. Ordnung in Aussicht genommen ist. Die übrigen Parks, von denen bestimmungsmäßig jedem Armee-Corps einer überwiesen werden soll, dienen zur Füllung der fliegenden Park-Artillerie-Brigaden und zur Verbindung zwischen diesen und den im Rücken der Armee angelegten Feld- und Zwischen-Munitions-Depots.

Die Parks sind in jeder Beziehung den Artillerie-Chefs der Corps bezw. der Verbände, denen sie zugetheilt werden, untergeordnet.

Außer den 56 ist noch ein beweglicher Halbpark im Militär-Bezirk Amur vorhanden.

2 bewegliche Mörser-Artillerie-Parks Nr. 1 und 2, mit einem Kriegsetat von je 4 Offizieren, 153 Mann, 127 Pferden, 30 Fahrzeugen, sorgen für Auffrischung der Munitionsbestände der fliegenden Mörser-Parks.

Im Frieden bestehen zur Verwaltung der in den Bezirks-Artillerie-Depots zu Dünaburg und Kiew lagernden Bestände nur zwei schwache Stämme von je 7 Mann.

γ) Local-Artillerie-Parks.

84 Local-Artillerie-Parks Nr. 1 bis 84,) zu je 3 Offizieren,
2 Local-Mörser-Parks Nr. 1 und 2 } 53 Mann, 2 Pferden.

Die Local-Artillerie-Parks werden erst bei der Mobilmachung errichtet und vereinigen in sich die in den Bezirks-Artillerie-Depots lagernden Munitions-Bestände behufs Bildung von Feld- und Zwischen-Munitions-Depots. Der Umfang der Munitions-Vorräthe wird für jeden Local-Park besonders angeordnet. Die Zutheilung der Local-Parks an die Armeen bezw. selbständigen Corps erfolgt zunächst in dem Verhältniß von 1 auf je 2 Infanterie-Divisionen. Abgesehen davon werden die Mörser-Parks noch den Armeen überwiesen, in deren Verbande sich Mörser-Regimenter befinden.

Den Befehl über die zugetheilten Local-Parks führt der Armee-Artillerie-Chef.

Aus den verfügbaren Local-Artillerie-Parks werden Munitions-Depots zur ununterbrochenen Versorgung der Feldarmee mit Munition gebildet und dem Chef der Armee-Parks unterstellt. Ihre Anzahl wird von den Armee-Ober-Commandos festgesetzt. Sollstärke: 6 Offiziere, 40 Mann.

δ) Bewegliche Feuerwerkereien (Laboratorien-Werkstätten) zur Ausbesserung und Herstellung von Munitions-Reserven sind mit den Munitions-Depots verbunden oder selbständig. Sollstärke: 4 Offiziere, 115 Mann, 27 Pferde, 7 Fahrzeuge.

ε) Vordere Artillerie-Reserven werden in der Stärke von 19 Offizieren, 832 Mann, 271 Pferden für jeden Kriegsschauplatz formirt. Dieselben dienen zur Ergänzung von Leuten, Pferden der Artillerie, sowie von Geschützen und Handwaffen.

Dieselben unterstehen dem Chef der Armee-Parks.

ζ) Bewegliche Artillerie-Werkstätten zur Instandsetzung von Geschützen und Waffen sind mit den vorderen Artillerie-Reserven verbunden, unter Umständen auch selbständig.

Sollstärke: 6 Offiziere, 157 Mann, 102 Pferde, 25 Fahrzeuge.

η) 3 Artillerie-Belagerungs-Parks Nr. 1, 2, Kaukasischer.

Die Parks Nr. 1 und 2 zu 424 Geschützen setzen sich aus je 12 Sectionen (2 Einschließungs-, 8 Kampf-, 2 Reserve-), der Kaukasische zu 320 Geschützen aus 10 Sectionen (4 Einschließungs-, 4 Kampf-, 2 Reserve-) zusammen.

Friedensstamm der Parks Nr. 1 und 2 je 8 Offiziere, 61 Mann, des Kaukasischen: 3 Offiziere, 51 Mann.

Sollstärke eines Parks vor einer belagerten Festung: 51 Offiziere, 210 Mann. Zur Bedienung der Geschütze sind außerdem 6 Festungs-Artillerie-Bataillone bestimmt.

d. Special-Ingenieur-Trains.*)

α) Feld-Ingenieur-Parks.

6 Feld-Ingenieur-Parks Nr. 1 bis 5 und Kaukasischer.

Die Parks werden erst bei der Mobilmachung formirt; das Material derselben ist jedoch schon im Frieden vorhanden und wird unter Aufsicht der Sappeur-Brigaden von einem besonderen Commando verwaltet.

Die Parks bilden eine bewegliche Reserve von Schanzzeug, Geräthen u. s. w. für größere Befestigungsarbeiten und zum Ersatz des Abgangs bei den Truppen. Dieselben zerfallen in 2 Abtheilungen zu 5 Sectionen. Jede Section enthält den Bedarf für eine Infanterie-Division und 1 Sappeur-Compagnie. Ein Park ist stark:

	Offiziere	Mann	Pferde	Fahrzeuge	
im Frieden:	2	16	(4)	—	86
im Kriege { 1., 3., 5.	7 (1)	82 (114)	291	87	
2., 4. Kauk.	7 (1)	82 (114)	211	47	

80 dreisp. bezw. 40 viersp. Geräthewagen,
5 zweispännige Packwagen,
1 dreisp. Commandeurwagen,
1 einspänniger Offizierkarren.

Ein Feld-Ingenieur-Park enthält: 1. An Armee-Reserve: 6000 Spaten, 600 leichte Beile, 360 Zimmermanns-Beile, 360 Spitzhacken, 360 Hacken, 240 Mauer-Hämmer, 120 Brecheisen, 40 Kettenseile, 40 Bindeketten für Faschinen, 20 Tracirbänder zu 20 m, 20 Schlüssel zum Auseinandernehmen der Eisenbahnschienen. 2. An Sappeur-Reserve: 100 Zimmermanns-Beile, 50 Bohrer, 20 Tracirbänder zu 20 m, 20 Meßbänder zu 10 m, 20 Bindeketten für Faschinen, 620 Sandsäcke.

β) Militär-Telegraphen-Parks.

17 Militär-Telegraphen-Parks Nr. 1 bis 15, sowie 1. und 2. Kaukasischer.

Jeder Park zerfällt in 2 Abtheilungen mit je 2 Stationen und vermag eine Leitung von 69 km Länge herzustellen. Derselbe ist außerdem mit einem Flußkabel von 320 m Länge, 8 Morse-Apparaten, sowie Telephonen und Heliographen für 4 Stationen ausgerüstet.

Sollstärke eines Parks:

im Frieden: 4 Offiziere, 52 (2) Mann, 2 Pferde, 43 Fahrzeuge;
im Kriege: 6 Offiziere, 202 (55) Mann, 163 Pferde, 43 Fahrzeuge.

Zusammensetzung des Trains:

1 Einspänner: 1 Offizierkarren,
14 Zweispänner: 14 Packwagen,
28 Vierspänner: 4 Stationswagen, 24 Geräthewagen (ein Theil der Parks hat 2 vierspännige und 16 sechsspännige Geräthewagen).

γ) 2 Ingenieur-Belagerungs-Parks Nr. 1 und 2.

Die 4 Abtheilungen eines Parks enthalten jede das zur Belagerung einer Festung nothwendige Geräth. Sollstärke eines Belagerungs-Parks mit Park-Compagnie:

im Frieden: 2 Offiziere, 30 Mann;
im Kriege: 11 Offiziere, 257 Mann, 387 Pferde.

---

*) Die Ingenieur-Trains der Sappeure, Pontonniere und Eisenbahntruppen sind bereits bei Besprechung dieser Truppentheile behandelt worden.

e. Sanitäts-Trains.

α) **Truppen-Lazarethe** sind zur ersten ärztlichen Hülfeleistung bestimmt und werden auf dem Schlachtfelde in Verbandplätze verwandelt. Sie bestehen:

    bei einem Infanterie-Regiment aus 16 Betten,
    = = Cavallerie-Regiment = 6 =
    = einer selbständigen Batterie = 4 =
    = = Artillerie-Brigade = 6 =
    = = Park-Brigade = 4 =

Die Bestände werden auf den Sanitäts- u. s. w. Wagen der Regiments-Trains mitgeführt.

β) Die **Divisions-Lazarethe** (eins bei jeder Infanterie- und Reserve-Division) entsprechen den Deutschen Sanitäts-Detachements, errichten auf dem Schlachtfelde die Hauptverbandplätze und sorgen für die Fortschaffung der Verwundeten in die nächsten Heilanstalten. (Vergl. Sanitäts-Abtheilung der Divisions-Trains Seite 36).

γ) Die **beweglichen Feld-Hospitäler** sind zur Heilung von Kranken und Verwundeten bestimmt und entsprechen den Deutschen Feldlazarethen. Jedes Feldhospital kann 10 Offiziere, 200 Mann aufnehmen. Je zwei derselben werden den Infanterie- und Reserve-Divisionen zugetheilt (vergl. Sanitäts-Abtheilung des Divisions-Trains S. 36), während die gleiche Zahl auf den Kriegsschauplatz vertheilt und nach den Directiven des Generals vom Dienst beim Armee-Obercommando vom Armee-Hospital-Inspector eröffnet und geschlossen wird.

δ) 20 **Militär-Sanitätstransporte** zu je 3 Offizieren, 100 Mann, 137 Pferden, 36 Fahrzeugen.

Auf den Fahrzeugen: 1 einspänniger Apothekenkarren, 7 zweispännige Pack- und Werkzeug-, 1 vierspänniger Küchen-, 27 vierspännige Krankenwagen, können 200 Verwundete fortbewegt werden. Die Militär-Sanitätstransporte dienen zur Fortschaffung von Kranken und Verwundeten von der Truppe zum nächsten Hospital, von den Verbandplätzen und den auf das Schlachtfeld vorgezogenen Hospitälern nach anderen Heilanstalten ic. Auf dem Rückwege führen sie die Genesenen zu ihren Truppentheilen zurück.

Außer den 20 Transporten, für welche im Frieden Bestände und Fahrzeuge bereit gehalten werden, können im Kriege auf Anordnung der Armee-Obercommandos noch weitere gebildet werden.

Die Transporte werden vom Armee-Hospital-Inspector nach den Weisungen des Generals vom Dienst beim Obercommando über den ganzen Kriegsschauplatz vertheilt. Ein Theil kann den Corps und Divisionen unmittelbar unterstellt werden.

f. Pferde-Depots.

Zur Sicherstellung des Pferdeersatzes im Kriege wird bei der Mobilmachung ein **allgemeines Pferde-Depot** errichtet, das 10 pCt. des gesammten Kriegsstandes an Pferden enthalten soll. Dasselbe besteht aus Abtheilungen zu je 1 Offizier, 165 Mann, 300 bis 400 Pferden, die nach den Sammelpunkten benannt werden.

Aus dem allgemeinen Pferde-Depot werden nach Bedarf **Pferde-Depots für die Feld-Armeen** abgezweigt. Ein solches umfaßt die Verwaltung (8 Offiziere, 18 Mann) und mehrere, unter sich numerirte Abtheilungen zu 300 bis 400 Pferden, welche in Züge zu 100 Pferden zerfallen.

Das Pferde-Depot einer Feld-Armee untersteht dem Armee-Etappen-Inspecteur, liegt es weiter zurück, dem Generalinspecteur des Etappenwesens.

b. Reserve-Truppen.

Die Reserve-Truppen sind theils zur unmittelbaren Verstärkung der Feld-Armee, theils zu Besatzungs- und Etappenzwecken bestimmt. Zur Vertheidigung der Festungen ist 1889 ein Theil der Reserve-Infanterie ausgesondert und als Festungs-Infanterie besonders formirt worden.

Besondere Reserve-Truppentheile bestehen im Frieden nur bei der Infanterie und Artillerie. Im Kriege werden die zur unmittelbaren Verstärkung der Feld-Armee bestimmten Reserve-Regimenter I. Ordnung und Batterien zu Infanterie-Divisionen zusammengestellt, welche sich von den aus Feldtruppen bestehenden nur durch eine schwächere Artillerie: 4 statt 6 Batterien, und dadurch unterscheiden, daß sie hinsichtlich des Munitionsersatzes auf zwei bewegliche Artillerie-Parks statt auf eine fliegende Park-Artillerie-Brigade angewiesen sind (vergl. S. 40). Die übrigen Reserve-Truppen werden zum Theil gleichfalls in Divisionen (II. Ordnung), zum Theil in niederen Verbänden zusammengefaßt. Wie sie den vorgenannten schon im Frieden durch eine geringere Kriegsbereitschaft nachstehen, so sind sie denselben auch im Kriege durch eine beschränkte Train-Ausrüstung unterlegen.

1. Reserve-Infanterie.

Im Frieden bestehen Reserve-Infanterie-(Cadre-)Regimenter und Reserve-Infanterie-(Cadre-)Bataillone, welche den Local-Brigaden unterstellt sind.

Mit der Formirung von Regimentern hat man 1889 einen bescheidenen Anfang gemacht, doch ist mit Sicherheit anzunehmen, daß man auf dem beschrittenen Wege nicht Halt machen wird. Wohin die Absichten der obersten Heeresverwaltung zielen, zeigt deutlich die Organisationsveränderung der Kaukasischen Reserve-Infanterie (siehe unten). Dem gleichen Bestreben, die Kriegsbereitschaft und Tüchtigkeit der Reserve-Infanterie zu erhöhen, liegt auch der im Jahre 1889 erlassene Befehl zu Grunde, die Bataillone aus ihrer bisherigen compagnieweisen Zersplitterung in Festungen und größeren Städten zusammenzuziehen.

Bei einer Reihe von Bataillonen befinden sich „Schreiber-Klassen", welche jährlich eine gewisse Anzahl von Rekruten zu Schreibern für höhere Militär-Verwaltungsbehörden ausbilden.

Es sind im Frieden vorhanden:

a) Im Europäischen Rußland:

1 Cadre-Bataillon des Leib-Garde-Reserve-Infanterie-Regiments,
2 Reserve-Infanterie-Regimenter Nr. 40, 46 zu 2 Bataillonen,
73 " " Bataillone Nr. 1, 4, 7, 8, 13 bis 18, 20 bis 24, 28, 33, 34, 41 bis 45, 47 bis 56, 58, 60 bis 96. *)
6 " " " mit Namen: Petrosawodsk, Archangelsk, Orenburg, Ufa, Perm, Astrachan.

Summa 2 Regimenter und 80 Bataillone.

Sämmtliche Bataillone haben im Frieden 5 Compagnien.

---

*) Die Lücken in der Nummerfolge sind durch Umwandelung von 21 Reserve-Infanterie-Bataillonen in Festungs-Infanterie-Bataillone entstanden.

Aus jedem Regiment bezw. selbständigen Bataillon werden bei der **Mobilmachung** 5 Bataillone zu 4 Compagnien entwickelt, so daß im ersteren Falle 2 Friedens-Compagnien, im letzteren eine den Stamm für ein Kriegs-Bataillon bildet. Je 4 auf diese Weise formirte Bataillone werden zu „Infanterie-Regimentern" zusammengestellt, deren Numerirung sich an die der Armee-Infanterie-Regimenter anschließt. So bildet z. B. das 1. bezw. Astrachaner Reserve-Bataillon das Infanterie-Regiment Nr. 165 bezw. Nr. 265. Eine Ausnahme macht das Bataillon Archangelsk, welches nur zu 3 Bataillonen, von denen zwei ein Regiment ohne Nummer formiren, entwickelt wird. Von den derartig entstandenen 82 Infanterie-Regimentern werden 80 zu 20 Infanterie-Divisionen Nr. 42 bis 61 verbunden, während zwei anderweitig verfügbar bleiben. Der weitaus größte Theil dieser Divisionen besteht aus Regimentern I. Ordnung und kann zur sofortigen Verstärkung der Feldtruppen verwandt werden, der Rest ist zunächst nur bedingt operationsfähig und daher in erster Linie nicht verwendbar.

Die 82 fünften Bataillone sollen den inneren Dienst versehen und Besatzungszwecken dienen; sie bleiben zunächst selbständig. Ist ihre in Aussicht genommene Ablösung durch Truppentheile der Reichswehr erfolgt, so werden sie gleichfalls in höhere Verbände zusammengefaßt.

Sollstärke im Frieden:
  Bataillon: 36 (3) Offiziere,   493 (29) Mann,   5 Pferde,
  Regiment: 37 (3)   =   1504 (51)   =   11   =

Die in den westlichen Grenzbezirken stehenden Bataillone, sowie die mit Namen (Orenburg ausgenommen) haben einen erhöhten Friedensetat.

Sollstärke im Kriege:

	Offiziere	Mann	Pferde	Fahrzeuge
Regiment zu 4 Bataillonen:	63 (7)	3832 (159)	192	87
selbständiges Bataillon:	16 (2)	958 (26)	8	—

b) Im Kaukasus:

6 Reserve-Infanterie-Regimenter zu 2 Bataillonen (8 Compagnien), davon 4 aus Eingeborenen mit Namen: Gori, Poti, Delishan, Schemacha, Rowo-Bajaset, Ardahan,
4 Kaukasische Reserve-Infanterie-Bataillone Nr. 1 bis 4 zu 6 Compagnien,
2   =   =   =   =   =   5, 6   =   5   =
6   =   =   =   =   =   7 bis 12 = 4   =

Summa 6 Regimenter und 12 Bataillone.

Vorstehende Truppentheile erweitern sich im Kriege

2 Reserve-Regimenter	zu 2 Infanterie-Regt. I. Ordnung zu 4 Bat.	= 8 Bat.
4 = = (Eingeborene) =	{4 = = I. = = 4 =	= 16 =
	{4 selbständige Bataillone	= 4 =
4 = Bataillone Nr. 1 bis 4 =	{4 Infanterie-Regt. I. Ordnung = 4 =	= 16 =
	{4 = = II. = = 4 =	= 16 =
2 = = = 5, 6 =	2 = = II. = 5 =	= 10 =
6 = = = 7 bis 12 =	6 = = I. = 4 =	= 24

Summa 94 Bat.

Hiervon sind zur unmittelbaren Verstärkung der Feld-Armee die 16 Regimenter I. Ordnung, d. h. 4 Infanterie-Divisionen, verfügbar. Wegen beschränkter Operationsfähigkeit nur in zweiter Linie verwendbar sind die 4 Regimenter II. Ordnung zu 4 Bataillonen und die 4 selbständigen Bataillone. Die 2 Regimenter zu 5 Bataillonen werden ohne Train errichtet und können daher nur Besatzungszwecken dienen.

Sollstärke im Frieden:

Regiment	36 (4) Offiziere,	788 (39)	Mann,	9 Pferde,
Eingeborenen-Regiment	36 (3) =	988 (33)	=	9 =
Bataillon zu 6 Compagnien:	36 (4) =	795 (32)	=	7 =
= = 4 =	36 (4) =	799 (28)	=	5 =

Die Bataillone zu 5 Compagnien haben den Sollstand der Reserve-Infanterie im Europäischen Rußland.

Sollstärke im Kriege:

Regiment zu 5 Bataillonen: 78 (7) Offiziere, 4755 (72) Mann, 21 Pferde.

Die mobilen Regimenter zu 4 Bataillonen und die mobilen selbständigen Bataillone haben die oben unter a) angegebene Kriegsstärke.

Die oben dargelegte, 1889 angeordnete Friedens- und Kriegsordnung der Kaukasischen Reserve-Infanterie wird erst 1891 zum Abschluß gelangen. Bis jetzt sind die Bataillone Nr. 1 bis 9 formirt, 1890 werden die 6 Regimenter und das Bataillon Nr. 12, 1891 die Bataillone Nr. 10 und 11 errichtet. Zur Bildung dieser Truppentheile, sowie zwei an anderer Stelle zu erwähnenden Festungs-Infanterie-Bataillonen (siehe S. 47) werden verwandt: 10 Reserve-Bataillone bezw. Druſhinen, 7 Local-Bataillone, 34 Cadre- bezw. Local-Commandos.

Die bedeutende Verstärkung, welche die Russische Heeresmacht im Kaukasus durch diese Neuordnung der Reserve-Infanterie erfährt, erhellt am besten aus nachstehender Zusammenstellung, die auch die beiden neugebildeten Festungs-Infanterie-Bataillone umschließt:

Stärke der Reserve- und Local-Truppen:

bisher im Frieden: 15 Bataillone, 43 Cadres; im Kriege: 51 Bataillone, 39 Cadres,
1889 = = 17 = 32 = = = 87 = 31 =
1890 = = 25 = 25 = = = 97 = 25 =
1891 = = 26 = 21 = = = 104 = 21 =

c) Im Asiatischen Rußland:

7 Reserve-Infanterie-Bataillone zu 5 Compagnien mit Namen: Tobolsk, Tomsk, Omsk, Sſemipalatinsk, Irkutsk, Kraſsnojarsk, Strätensk.

Vorgenannte Bataillone haben einen verstärkten Friedensetat. Im Kriege bilden die Bataillone Tobolsk und Tomsk je 2, Omsk 3 selbständige Bataillone, Kraſsnojarsk 1 Regiment zu 2 Bataillonen und 1 selbständiges, die übrigen je 5 selbständige Bataillone. Die gesammte Kriegsſtärke beläuft ſich demnach auf 25 Bataillone.

2. Reserve-Artillerie.

Im Frieden: 5 Reserve-Artillerie-Brigaden Nr. 1 bis 5. Dieselben zerfallen in 6 Batterien zu 2 bis 4 bespannten Geschützen. Die 4 ersten Batterien (1 schwere, 3 leichte) jeder Brigade bilden im Kriege 4 Artillerie-Brigaden zu je 1 schweren und 3 leichten Batterien, so daß 20 (Reserve-)Artillerie-Brigaden Nr. 42 bis 61 zu 4 Batterien entstehen. Ueber die Entwickelung der 5. und 6. Reserve-Batterien zu Erſatz-Batterien vergl. Seite 51.

Die Artillerie-Brigaden Nr. 42 bis 61 sollen, wie bereits erwähnt, den Reserve-Divisionen I. und II. Ordnung zugetheilt werden. Da von diesen allein im Europäischen Rußland sofort 20 errichtet werden, so ist für die 5 Kaukasischen Reserve-Divisionen vor der Hand keine Artillerie verfügbar.

Sollstärke im Frieden:

Schwere Batterie: 11 Offiziere, 199 (21) Mann, 54 Pferde, } bei nur 2 bespannten Ge-
Leichte   11   171 (21)   54   } schützen 13 Pferde weniger.

Die mobilen Batterien haben den Kriegs-Sollstand der Feld-Batterien.

3. Reserve-Ingenieurtruppen.

Aus den im Frieden bei den 17 Sappeur-Bataillonen bestehenden 5. Compagnien werden bei der Mobilmachung 34 Reserve-Sappeur-Compagnien: 2 Garde-, 2 Grenadier-, 4 Kaukasische, Nr. 1 bis 26 gebildet. Von diesen sind 16 (11 in Europa, 5 im Kaukasus) mit vollständigem Train wie die activen Sappeur-Compagnien versehen und zum Dienst auf den rückwärtigen Verbindungen sowie zur Belagerung von Festungen bestimmt. Die übrigen 18 Reserve-Compagnien, welche nur mit tragbarem Schanzzeug ausgerüstet sind, sollen den Festungs-Besatzungen zugetheilt werden.

Kriegsstärke einer Reserve-Sappeur-Compagnie:
4 Offiziere, 237 (12) Mann, 23 Pferde, 9 Fahrzeuge (1 vierspänniger, 2 dreispännige Werkzeug-, 5 zweispännige Packwagen, 1 Patronen-Karren).

3 Reserve-Eisenbahn-Bataillone werden im Kriege aus den 5. Compagnien der zur Eisenbahn-Brigade gehörenden Bataillone Nr. 2 bis 4 gebildet. Ein solches Bataillon besteht aus 1 Bau- und 3 Betriebs-Compagnien und zählt: 25 (5) Offiziere, 1045 (48) Mann, 49 Pferde, 18 Fahrzeuge.

Der Train setzt sich zusammen aus:

    8 Einspännern: 4 Patronen-Karren,
                      1 Apotheken-   "
                      1 Sanitäts-   "
                      2 Offizier-   "
    1 Dreispänner: 1 eigener Wagen des Commandeurs.
    9 Vierspännern: 8 Werkzeugwagen,
                      1 Krankenwagen.

c. Besatzungs-Truppen.

Zu den Besatzungs-Truppen gehört, genau genommen, auch ein Theil der Reserve-Truppen. Eine getrennte Besprechung der zu Feld- und der zu Besatzungs-zwecken bestimmten Reserve-Truppen erscheint jedoch um so weniger angebracht, als auch in Wirklichkeit beide Arten häufig in einander fließen werden.

1. Infanterie.

a) Im Frieden bestehen:

  1 Festungs-Infanterie-Regiment zu 2 Bataillonen (10 Compagnien),
23   "   "   -Bataillone zu 5 Compagnien.

Vorgenannte Truppentheile werden nach den Festungen benannt, zu deren ständiger Friedens- und Kriegsbesatzung sie gehören:

```
2 Festungs-Infanterie-Bataillone Kronstadt Nr. 1, 2,
1    "         "        Bataillon  Sweaborg,
1    "         "            "      Wyborg,
2    "         "        Bataillone Kowno Nr. 1, 2,
1    "         "        Regiment   Ossowez,
4    "         "        Bataillone Warschau Nr. 1 bis 4,
4    "         "            "      Nowogeorgiewsk Nr. 1 bis 4,
3    "         "            "      Brest-Litowsk Nr. 1 bis 3,
2    "         "            "      Iwangorod Nr. 1, 2,
1    "         "        Bataillon  Ssewastopol,
1    "         "            "      Kertsch,
1    "         "            "      Batum,
1    "         "            "      Kars.
```

Das Regiment und 20 Bataillone sind 1889 durch Umformung der gleichen Zahl von Reserve-Bataillonen, 3, davon 2 im Kaukasus, neugebildet worden. Dieselben unterstehen in den Festungen 1. Klasse den Chefs der Festungsstäbe, in den übrigen den Commandanten; nur die Kronstadter und Ssewastopoler Festungs-Infanterie-Bataillone sind den betreffenden Local-Brigaden unterstellt.

Im Kriege werden 24 Festungs-Infanterie-Regimenter zu 5 Bataillonen errichtet, für welche die im Frieden vorhandenen Truppentheile die Stämme bilden.

Die Friedens- und Kriegsstärken stimmen mit denen der entsprechenden Reserve-Infanterie-Bataillone und Regimenter überein.

b) Finnische Landwehr-Bataillone zu 16 (3) Offizieren, 811 (58) Mann werden im Kriege in einer vom Kaiser zu bestimmenden Zahl aufgestellt. Stämme für dieselben liefern die im Frieden bei den Schützen-Bataillonen zur Ausbildung von Mannschaften der Reserve vorhandenen Offiziere und Unteroffiziere, sowie die Ersatz-Compagnien.

c) 67 Local-Commandos im Europäischen Rußland,
   66   "   "   " Asiatischen   "
   21   "   "   " Kaukasus.

Die Local-Commandos, welche in verschiedener Stärke bis zu einer Compagnie bestehen, sind den Local-Brigaden unterstellt und ausschließlich für den inneren Dienst, also hauptsächlich zur Aufrechterhaltung der öffentlichen Ruhe und Ordnung bestimmt. Im Kaukasus sind augenblicklich noch 25 Commandos vorhanden, doch werden die oben nicht mitgerechneten, ebenso wie drei ganz unerwähnt gebliebene Local-Bataillone im Laufe des Jahres 1891 aufgelöst (vergl. S. 46).

d) 1 Compagnie Schloß-Grenadiere zum Dienst in den Kaiserlichen Schlössern.

e) 4 Disciplinar-Bataillone und 2 selbständige Disciplinar-Compagnien sind zur Ausbildung und Besserung der ihnen durch gerichtliches Urtheil überwiesenen Soldaten bestimmt.

f) Die Convoi-Commandos (über 500) zur Bewachung und Geleitung von Strafgefangenen stehen unter dem Ministerium des Innern, verdienen aber wegen ihrer militärischen Organisation erwähnt zu werden.

g) Das selbständige Corps der Gendarmen (8000 Mann) versieht unter Anderm den Sicherheitsdienst auf den Eisenbahnen und in den Festungen. Bezüglich der Feld-Gendarmerie-Escadrons siehe S. 25.

2. Artillerie.

a) Es bestehen im Frieden und im Kriege:
  50 Festungs-Artillerie-Bataillone,
   7   =   =   =Compagnien.

Die Bataillone und Compagnien werden nach den Festungen benannt, in denen sie ihren Standort haben, und numerirt. Es stehen in:

Europ. Rußland	Kronstadt	6	Bataillone,	Nr. 1 bis 6,
	Wyborg	2	=	Nr. 1, 2,
	Sweaburg	2	=	Nr. 1, 2,
	Dünamünde	1	Bataillon,	
	Dünaburg	2	Bataillone,	Nr. 1, 2,
	Warschau	6	=	Nr. 1 bis 6,
	Nowogeorgiewsk	6	=	Nr. 1 bis 6,
	Brest-Litowsk	4	=	Nr. 1 bis 4,
	Iwangorod	4	=	Nr. 1 bis 4,
	Kowno	2	=	
	Ossowez	2	=	} Nr. 1, 2,
	Kijew	2	=	
	Otschakow	1	Bataillon,	
	Bender	1	=	
	Kertsch	2	Bataillone,	Nr. 1, 2,
	Sewastopol	1	Bataillon,	
Kaukasus	Alexandropol	1	=	} Nr. 1 bis 3,
	Kars	2	Bataillone,	
	Poti-Batum	2	=	Michael-Fest.-Art., Nr. 1, 2,
	Terek-Daghestan	1	Bataillon.	

Jedes Festungs-Artillerie-Bataillon besteht aus 4 Compagnien, nur die Bataillone Sewastopol und Otschakow, sowie das 1. und 2. Bataillon der Festungs-Artillerie Kars-Alexandropol haben 5, die beiden der Michael-Festungs-Artillerie 3 Compagnien.

Selbständige Festungs-Artillerie-Compagnien sind vorhanden:

1 Compagnie Petersburg,
1   =   Dubno,
1   =   Bobruisk,
1   =   Ssamarkand } Militär-Bezirk Turkestan,
1   =   Taschkent
2 Compagnien Wladiwostok (am Stillen Ocean).

Die Festungs-Artillerie wird in ihrer Gesammtheit von einem Inspecteur befehligt; in jeder Festung führt ein dem Festungscommandanten unterstellter Commandeur der Festungs-Artillerie den Befehl.

Sollstärke eines Bataillons:
  im Frieden: 13 Offiziere, 448 (4) Mann,
  = Kriege: 21   =   1308 (4) =

Die Friedens- und Kriegsstärken der selbständigen Compagnien schwanken zwischen rund 220 bis 450 Köpfen.

b) Im Frieden:

5 Festungs-Ausfall-Batterien zu je 11 Offizieren, 112 (14) Mann, 36 Pferden, 2 bespannten Geschützen werden im Kriege auf 16 Batterien zu je 6 Offizieren, 122 (8) Mann, 73 Pferden, 8 Geschützen, 2 Munitionswagen gebracht. Diese Entwickelung vollzieht sich wie folgt:

Festung	Friedens-Ausfall-Batterie	formirt im Kriege Ausfall-Batterien (Benennung):
Warschau	Nr. 1	4 (Nr. 1 bis 4 Warschau)
Nowogeorgiewsk	Nr. 2	4 (Nr. 1 bis 4 Nowogeorgiewsk)
Brest-Litowsk	Nr. 3	3 (Nr. 1 bis 3 Brest-Litowsk)
Iwangorod	Nr. 4	2 (Nr. 1 bis 2 Iwangorod)
Kowno	Nr. 5	3 (Nr. 1 bis 3 Kowno).

Die Ausfall-Batterien unterstehen im Krieg und Frieden den Commandeuren der betreffenden Festungs-Artillerie.

c) 14 Local-Artillerie-Commandos versehen den Wachtdienst bei den verschiedenen Artillerie-Anstalten.

3) Von der Aufführung der im Gebiete des Ingenieur-, Sanitäts- und Intendantur-Wesens noch vorhandenen kleinen Aufsichts- und Arbeits-Commandos ist Abstand genommen.

d. Ersatz-Truppen.

1. Infanterie und Schützen.

Bei der Mobilmachung werden errichtet:

   192 Infanterie-Ersatz-Bataillone zu 4 Compagnien,
      7 Schützen-   =   =   =   ,   = *)
      9   =   =   Compagnien (in Finnland).

Es bestehen somit im Kriege 1 Ersatz-Bataillon für jedes Infanterie-Regiment und jede der 7 im Europäischen Rußland und im Kaukasus stehenden Schützen-Brigaden, sowie 1 Ersatz-Compagnie für jedes Finnische Schützen-Bataillon. Die Ersatz-Bataillone werden gebildet durch Abgaben der activen Truppentheile und durch eingezogene Mannschaften der Reserve und Reichswehr. Jedes Regiment giebt an sein Ersatz-Bataillon 1 Stabsoffizier, 6 Oberoffiziere, 40 Mann ab, ebensoviel eine Schützen-Brigade; ein Finnisches Schützen-Bataillon 1 Hauptmann, 2 Lieutenants, 6 Unteroffiziere.

Die Ersatz-Bataillone sollen der Regel nach in den Stabsquartieren der Truppentheile, welche sie aufstellen, formirt werden. Für zahlreiche in der Nähe der westlichen Grenze stehenden Truppentheile sind jedoch die Formirungsorte der Ersatz-Bataillone nach dem Innern des Reiches verlegt worden, wo auch die Kriegsbestände unter Aufsicht eines Commandos von je 1 Unteroffizier, 9 Mann lagern.

Die Ersatz-Bataillone des Garde-Corps sind einem hierfür besonders ernannten Chef untergeordnet, die übrigen unterstehen den Commandeuren der Local-Brigaden, in deren Bezirken sie untergebracht werden.

Sollstärke eines Ersatz-Bataillons:
       19 (2) Offiziere, 1114 (26) Mann, 5 Pferde.

---

*) Das Garde-Schützen-Ersatz-Bataillon hat nur 3 Compagnien.

2. Cavallerie.

Im Frieden bestehen:

18 Cadres des Cavallerie-Ersatzes: 3 Garde-, 1 Kaukasischer, Nr. 1 bis 14. Für jede Cavallerie-Division ist 1, für die 2. Garde-Cavallerie-Division sind 2 Cadres bestimmt. Die Cadres bestehen aus Abtheilungen, von denen jede einem Regiment entspricht. Daher zerfallen 2 Cadres — Nr. 1 des Garde- und des Kaukasischen Cavallerie-Ersatzes — in je 4, die übrigen in 3 Abtheilungen. Die Cadres sind mit Ausnahme des Kaukasischen zu zweien (Garde: 3) in 8 Brigaden des Cavallerie-Ersatzes vereint. Die Abtheilungen reiten im Frieden die jungen Pferde für die activen Cavallerie-Regimenter zu.

Im Kriege stellen die 56 Abtheilungen je 2 = 112 Ersatz-Escadrons, sowie noch je 1 unberittenes Commando für eine etwa noch zu bildende 3. Ersatz-Escadron auf.

Sollstärken

im Frieden: Cadre zu 3 Abtheilungen 10 (2) Offiziere, 249 (35) Mann, 297 Pferde,
„ Kriege: Ersatz-Escadron   5   „   180 (11)   „   213   „
„   Unberittenes Commando — „   135 (45)   „   3   „

Ferner wird bei der Mobilmachung 1 Finnische Dragoner-Ersatz-Escadron zu 8 (5) Offizieren, 176 (25) Mann, 181 Pferden gebildet, wozu das active Dragoner-Regiment einen Stamm von 4 Offizieren, 6 Unteroffizieren, 10 Streitbaren ꝛc. abgiebt.

3. Artillerie.

Im Frieden sind als Stämme vorhanden:

2 Ersatz-Batterien (1 zu 2 leichten, 1 zu je 2 leichten und reitenden Geschützen);
10 Batterien der Reserve-Artillerie-Brigaden.

Aus den beiden, den Artillerie-Chefs der Militär-Bezirke unterstehenden, Ersatz-Batterien werden im Kriege 8 selbstständige Ersatz-Batterien formirt, welche, hinter den Feld-Armeen vertheilt, den ersten Ersatz bewirken sollen.

Die 5. und 6. Batterien der 5 Reserve-Artillerie-Brigaden (vergl. S. 46) werden bei der Mobilmachung gleichfalls zu je 4 Ersatz-Batterien entwickelt. Diese 40 Batterien werden zu 5 Ersatz-Artillerie-Brigaden von je 8 Batterien zusammengefaßt. Hiervon sind die 4. Batterie der IV., sowie die 3. und 4. der V. Ersatz-Artillerie-Brigade mit je 4 Gebirgs-, die übrigen Batterien mit je 4 leichten Geschützen bewaffnet; außerdem ist bei den 8 Batterien jeder Brigade noch ein reitender Zug (2 Geschütze) vorhanden.

Sollstärke einer Ersatz- bezw. Reserve-Batterie im Frieden:

zu 2 leichten Geschützen: 11 Offiziere, 171 (21) Mann, 41 Pferde,
„ 2 „   und 2 Gebirgs-Geschützen: 11   „   171 (21) „   51   „
„ 2 „   und 2 reitenden Geschützen: 11   „   183 (21) „   74   „

Sollstärke einer Ersatz-Batterie im Kriege:

fahrende Batterie: 10 Offiziere, 597 (13) Mann, 41 Pferde, 4 bespannte Geschütze,
Gebirgs-Batterie: 10   „   597 (13) „   36   „   4   „
fahrende Batterie
mit 1 reitenden Zuge:} 14   „   851 (18) „   121   „   6   „

Außerdem sind bei jeder Batterie noch ohne Bespannung: 4 Geschütze und, die Gebirgs-Batterien ausgeschlossen, 2 Munitionswagen.

4. Ingenieur-Truppen.

4 Sappeur-Ersatz-Bataillone Nr. 1 bis 4 zu 4 Compagnien werden bei der Mobilmachung von der 1., 2., 3. und 5. Sappeur-Brigade errichtet, welche hierzu aus ihrem activen Dienststande je 5 Offiziere, 10 Unteroffiziere 24 Mann abgeben; dieselben sorgen für den Ersatz sämmtlicher Ingenieur-Truppen.

Ein Sappeur-Ersatz-Bataillon zählt:
24 (2) Offiziere, 1266 (22) Mann, 8 Pferde.

e. Lehr-Truppen.

1. Die Offizier-Schießschule besteht aus:

dem Stabe: 9 (2) Offiziere,   (43) Mann und
der Schützen-Compagnie zu 6   Offizieren, 142 (21) = als Stamm,

sowie aus den zur Ausbildung vorübergehend dorthin commandirten Offizieren und Mannschaften. Es werden jährlich 100 Hauptleute vom 1. Februar bis 1. September und von Mai bis September soviel Mannschaften commandirt, daß die Schützen-Compagnie auf ein Friedens-Bataillon verstärkt werden kann. Die Schießschule ist dem Inspecteur des Schießwesens unterstellt und hat den Zweck, ältere Hauptleute zu Bataillonscommandeuren auszubilden, im Heere das richtige Verständniß für Schießausbildung und Feuergefecht zu verbreiten, sowie Versuche anzustellen.

Die Stamm-Compagnie wird nach besonderer Anordnung des Hauptstabes mobil gemacht.

2. Die Offizier-Cavallerieschule steht unmittelbar unter dem General-Inspecteur der Cavallerie und setzt sich zusammen aus:

dem Stabe: 6 (2) Offiziere, (57) Mann;
der Escadronchef-Abtheilung: 4 Stabsoffiziere als Lehrer, 52 auf 1½ Jahr commandirte Cavallerie- und Kasaken-Offiziere;
der Escadron der Offizier-Cavallerieschule: 5 Offiziere, 158 Mann;
der Reit-Abtheilung: 7 Offiziere, 26 Mann als Stamm, 18 auf 1 bis 2 Jahre commandirte Cavallerie-Offiziere und 31 auf 2 Jahre commandirte Mannschaften der Cavallerie und reitenden Artillerie;
der Lehr-Schmiede: 1 Offizier, 12 Schmiede, 54 Lehrlinge der Cavallerie und 26 der Kasaken.

Die Schule verfügt im Ganzen über 363 Pferde. Dieselbe bezweckt die Ausbildung von Offizieren zu Escadronscommandeuren, die Anbahnung einer gleichmäßigen cavalleristischen Ausbildung in der gesammten Reiterei, Heranbildung von Reitlehrern und Schmieden, sowie endlich die Erprobung cavalleristischer Neuerungen.

Die Mobilmachung der Escadron der Offizier-Cavallerieschule erfolgt nach besonderer Anordnung des Hauptstabes.

3. Die Offizier=Artillerie=Schießschule ist dem General=Feldzeug=meister unmittelbar unterstellt und umfaßt als Stamm:

den Stab: 6 (4) Offiziere, 7 (86) Mann, 46 Pferde,
1 Feld=Batterie: 6 " 181 (7) " 51 "
1 reitende Batterie: 5 " 172 (6) " 157 "
1 Festungs=Artillerie=Abtheilung: 2 " (3) " (seit 1. Januar 1890).

Die Feld=Batterie hat 4 leichte und 2 Gebirgsgeschütze, die reitende 6 Geschütze und 2 Munitionswagen bespannt; außerdem verfügt erstere noch über 2 schwere, 4 leichte Geschütze und 8 Munitionswagen, letztere noch über 4 Munitionswagen ohne Bespannung.

Durch die Schule soll die Schießkunst gefördert, Hauptleute der Feld= bezw. Festungs=Artillerie zur Führung von Batterien bezw. zur selbständigen Leitung des Feuers von Festungswerken ausgebildet werden.

Es werden jährlich 35 Hauptleute der Feld= und 10 der Festungs=Artillerie auf 7½ Monate commandirt. Zur Abhaltung von Schießübungen begiebt sich die Festungs=Artillerie=Abtheilung in verschiedene dazu bestimmte Festungen.

Die Mobilmachung der beiden Batterien wird durch den Hauptstab besonders angeordnet.

4. Die Lehr=Compagnie und die Offizier=Klasse für Elektrotechnik, sowie die Luftschiffer=Abtheilung sind der Abtheilung für Elektrotechnik des Ingenieur=Corps untergeordnet.

Die sich durch Aushebung ergänzende Lehr=Compagnie, welcher die theoretische und praktische Ausbildung der Mannschaften in den militärischen Zweigen der Elektrotechnik obliegt, ist stark:

im Frieden: 5 Offiziere, 178 (15) Mann, 4 Pferde,
" Kriege: 6 " 268 (17) " 4 "

Aus derselben ergänzen sich die Elektrotechniker der Sappeur= und Pontonnier=Bataillone und im Kriegsfalle die Baltischen Torpedo=Compagnien.

Der Lehr=Compagnie ist die Luftschiffer=Abtheilung angegliedert, welche aus einem Stamm von 5 Offizieren, 32 Mann und einem wechselnden Ausbildungs=Commando (halbjährige Curse für Offiziere und Mannschaften) besteht. Dieselbe beschäftigt sich auch mit der Zucht von Brieftauben und mit photographischen Aufnahmen.

Die Offizier=Klasse für Elektrotechnik verfolgt dieselben Ausbildungszwecke hinsichtlich der Offiziere, wie die Lehr=Compagnie. Von jeder Sappeur=Brigade werden jährlich 3 Offiziere auf 2 Jahre zu derselben commandirt.

5. Das Lehr=Unteroffizier=Bataillon (Unteroffizier=Schule) zu Riga ist dem Chef des Bezirksstabes untergeordnet und besteht aus dem Stamm: 24 (3) Offiziere, 60 (13) Mann und 500 Unteroffizierschüler. Dasselbe zerfällt in 4 Compagnien. Die Stamm=Mannschaften werden aus den Truppentheilen mit besonderer Sorgfalt ausgesucht. Als Unteroffizierschüler werden aufgenommen: befähigte Mannschaften aus der Front, die mindestens 8 Monate gedient und eine Lagerübung mitgemacht haben, ferner Freiwillige von 18 bis 23 Jahren mit Volksschulbildung. Nach erfolgreicher Beendigung der zweijährigen Ausbildungszeit werden die aus der Front eingetretenen Schüler sämmtlich, von den Freiwilligen nur die besten als Unteroffiziere zur Truppe mit der Verpflichtung zu einer vierjährigen Dienstzeit über die gesetzliche Dienstpflicht hinaus entlassen.

Ueber die Ergebnisse des ersten, 1889 abgelaufenen zweijährigen Lehrcursus sind günstige Urtheile laut geworden.

f. **Die Grenzwache.**

Die von einem Inspecteur befehligte Grenzwache bildet einen Theil der bewaffneten Macht, ist aber im Frieden dem Finanzministerium untergeordnet. Die von der Russischen Presse vielfach in Aussicht gestellte Unterstellung der Grenzwache unter das Kriegsministerium ist noch nicht veröffentlicht.

Im Frieden zerfällt die rund 26 000 Mann starke Grenzwache in 28 Brigaden (davon 4 im Kaukasus) und 2 selbständige Abtheilungen. Eine Brigade, welche im Durchschnitt 30 Offiziere, 1000 Mann, 400 Pferde stark ist, besteht meist aus 4 Abtheilungen, die ihrerseits wieder in mehrere Detachements und Posten eingetheilt werden. Jeder derselben ist ein bestimmter Grenzabschnitt behufs Ueberwachung des Verkehrs und Verhinderung des Schmuggelhandels zugetheilt.

Im Kriege werden die Grenzwach-Brigaden mit Truppen der Feld-Armee zum Grenzschutz verwandt.

B. **Kasaken-Heere.**

Die Kasaken sind in nachstehende Heere gegliedert: Don-, Kuban-, Terek-, Orenburg-, Ural-, Astrachan-, Amur-, Transbaikal-, Ssemiretschensk-, Ussuri- und Sibirisches Heer. Der Großfürst Thronfolger ist Oberbefehlshaber derselben und führt als solcher den Titel „Ataman sämmtlicher Kasaken-Heere."

An der Spitze jeden Heeres steht ein stellvertretender Ataman (Hetman). Derselbe führt beim Don- und Sibirischen Heere den Titel „Stellvertretender Heeres-Ataman". Die Oberbefehlshaber der Militärbezirke Kaukasus und Amur sind gleichzeitig stellvertretende Heeres-Atamane der in diesen Bezirken wohnenden Kuban- und Terek- bezw. Transbaikal- und Amur-Kasaken. Das Gebiet eines jeden Heeres ist, mit Ausnahme des Ssemiretschensk-, Amur- und Ussuri-Heeres, in Bezirke bezw. Abtheilungen getheilt, welchen Bezirks- bezw. Abtheilungs-Atamane vorstehen. Diesen liegt die gesammte militärische Controle der nicht im Dienst befindlichen Kasaken ob.

Hinsichtlich des Grades der erlangten Ausbildung und der militärischen Verwendbarkeit stehen die Kasaken im Allgemeinen auf gleicher Stufe mit den Truppentheilen des stehenden Heeres. Die denselben früher nachgerühmten kriegerischen Neigungen und besondere Befähigung zum kleinen Krieg sind dem größten Theile derselben, speciell dem Don-Heere, in Folge der erhöhten Seßhaftigkeit und Beschäftigung mit friedlichen Gewerben verloren gegangen. Charakteristisch für die Kasaken ist, daß sie in überwiegender Mehrzahl als Reiter dienen, und daß sie nur die Feuerwaffen geliefert erhalten, sich im Uebrigen aber selbst bekleiden, ausrüsten und beritten machen müssen. Nur die Garde-Kasaken erhalten Bekleidung, müssen aber eigene Pferde haben.

Von der Gliederung der wehrfähigen Kasaken des Dienststandes in drei Kategorien und der Dauer der Dienstpflicht in jeder derselben ist Seite 3 die Rede gewesen.

a. **Vorbereitungs-Kategorie.**

Besondere Truppentheile der Vorbereitungs-Kategorie, zu welcher rund 65 000 Kasaken gehören, sind nicht vorhanden. Während des ersten Jahres ihrer Zugehörigkeit zur Vorbereitungs-Kategorie beschaffen sich die jungen Kasaken die zum Dienst nöthige Ausrüstung; in den beiden folgenden Jahren werden sie in den heimathlichen Stanizen und Höfen ausgebildet.

Im Kriege wird der älteste Jahrgang gleichzeitig mit dem ältesten der Ersatz-Kategorie zum Dienst einberufen.

b. Front-Kategorie.

Die auf 190 000 Mann zu veranschlagenden Kasaken der Front-Kategorie werden in drei Aufgebote getheilt. Die Truppentheile des 1. Aufgebots sind im Dienst, die übrigen beurlaubt. Bei der Artillerie unterscheidet man nur Batterien des 1. Aufgebots und auf Urlaub entlassene Batterien.

Die Mannschaften des 2. Aufgebots, bei der Artillerie sämmtliche auf Urlaub Entlassenen, müssen Uniform, Bewaffnung, Ausrüstung und Reitpferd beständig bereit halten, diejenigen 3. Aufgebots haben mit Ausnahme des Reitpferdes die gleiche Verpflichtung, letzteres ist jedoch sofort zu beschaffen, sobald ein diesbezüglicher Befehl erfolgt.

Die Truppentheile des 1. Aufgebots sind zum größeren Theile für sich oder mit Truppen des stehenden Heeres zu höheren Verbänden vereinigt, zum kleineren Theile selbständig.

Höhere Kasaken-Verbände sind:

1. Don-Kasaken-Division: Don-Regimenter Nr. 9, 10, 13, 15 nebst 6. und 7. Don-Batterie.

2. Gemischte Kasaken-Division: Don-Regimenter Nr. 16, 17, 1 Kuban-, (1. Urup-), 1 Terek-, (1. Wolga-) Regiment nebst 1. und 3. Orenburg-Batterie.

1. Kaukasische Kasaken-Division: 3 Kuban-Regimenter (1. Kuban-, 1. Uman-, 1. Choper-), 1 Terek-Regiment (1. Gorsko-Mosdok).

2. Kaukasische Kasaken-Division: 4 Kuban-Regimenter (1. Poltawa-, 1. Kawkas-, 1. Jeisk-, 1. Laba-Regiment).

Kuban-Kasaken-Brigade: 2 Kuban-Regimenter (1. Jekaterinodar-, 1. Taman-Regiment). Anmerk.: Das 1. Taman- und 1. Kawkas-Regiment des Kuban-Heeres sind nach Transkaspien abcommandirt und zu einer Transkaspischen Reitenden Kasaken-Brigade zusammengestellt.

Terek-Kasaken-Brigade: 2 Terek-Regimenter (1. Kisljar-Grebjenz-, 1. Ssunsha-Wladikawkas-Regiment).

Kuban reitende Artillerie-Brigade: Batterien Nr. 1 bis 5; davon die 2. und 5. beim Kaukasischen Armee-Corps.

Orenburg reitende Artillerie-Brigade: Batterien Nr. 1 bis 3, davon 1. und 3. bei der 2. gemischten Kasaken-Division.

In Verbänden des stehenden Heeres befinden sich: 2 Kuban-Plastun-Bataillone im Kaukasischen Armee-Corps;

die beiden Leib-Garde-Don-Regimenter mit der Leib-Garde-Ural-Escadron als 3. Brigade in der 1. Garde-Cavallerie-Division;

10 Don-Regimenter Nr. 1 bis 8, 11, 14 in den Cavallerie-Divisionen gleicher Nummer;

3 Orenburg-Regimenter Nr. 1, 2, 3 in der 10., 13. 12. } Cavallerie-
1 Ural-Regiment Nr. 1 in der 9. } Division;

die Leib-Garde-Don-Batterie als 6. Batterie in der Reitenden Garde-Artillerie-Brigade;

5 Don-Batterien: Nr. 1, 2, 3, 4, 5 beim VIII., IX., X., XI., XII. Armee-Corps;

2 Kuban-Batterien: Nr. 2 und 5 beim Kaukasischen Armee-Corps.

Die Reiter-Regimenter und Batterien des 2. und 3. Aufgebots werden im Kriege theils zu Cavallerie-Divisionen zusammengestellt, theils den Armeen und Corps ꝛc. zur besonderen Verwendung überwiesen.

1. Feldtruppen.

a. Infanterie.

Im Frieden (1. Aufgebot):

4 Kuban-Plastun-Bataillone Nr. 1 bis 4 zu 4 Sotnien	je 22 (4) Offiz.,	735 (90) Mann,	14 Pferde,
2 Transbaikal-Bataillone Nr. 1 und 2 zu 5 Sotnien	" 28 (2) "	930 (20) "	5 "
1 Amur-Fuß-Sotnie	" 6 "	156 (2) "	4 "

Summe 6 Bataillone und 1 Sotnie.

Im Kriege (1., 2., 3. Aufgebot):

12 Kuban-Plastun-Bataillone Nr. 1 bis 12 zu 4 Sotnien	je 22 (4) Offiz.,	735 (121) Mann,	143 Pferde,
6 Transbaikal-Bataillone Nr. 1 bis 6 zu 5 Sotnien ...	" 22 (2) "	910 (38) "	30 "
2 Amur-Halb-Bataillone zu je 3 Sotnien	jede Sotnie zu: 3 Offiz.,	181 (3) Mann,	10 Pferden.

Summe 18 Bataillone und 6 Sotnien.

b. Reiterei.

Im Frieden (1. Aufgebot):

2 Leib-Garde-Don-Regimenter zu 4 Escadrons	je 34 (6) Offiz.,	631 (50) Mann,	497 Pferde,
17 Don-Regimenter Nr. 1 bis 17 zu 6 Sotnien	" 42 (3) "	1017 (48) "	930 "
	Regiment 12 hat 97 Mann weniger,		
1 Leib-Garde-Kuban-Escadron Convoi (Leibwache) des Kaisers 1 Leib-Garde-Terek-Escadron Convoi (Leibwache) des Kaisers	" 6 Offiz.,	180 (9) Mann,	378 Pferde,
10 Kuban-Regimenter mit Namen zu 6 Sotnien	" 24 (4) "	867 (89) "	917 "
1 Kuban-Regiment mit Namen zu 4 Sotnien	34 (6) "	579 (97) "	633 "
1 Kuban-Halbregiment (Division) zu 2 Sotnien	11 (2) "	291 (39) "	326 "
4 Terek-Regimenter mit Namen zu 6 Sotnien	" 46 (5) "	867 (106) "	917 "
1 Astrachan-Regiment zu 4 Sotnien	32 (3) "	579 (73) "	624 "
3 Orenburg-Regimenter Nr. 1 bis 3 zu 6 Sotnien ...	" 35 (3) "	931 (120) "	1047 "
3 Orenburg-Regimenter Nr. 4 bis 6 zu 4 Sotnien ...	" 25 (3) "	579 (94) "	641 "
2 selbst. Orenburg-Reiter-Sotnien Nr. 1 und 2 ..	" 5 "	144 (13) "	155 "
1 Leib-Garde-Ural-Escadron .	" 8 "	181 (27) "	195 "
2 Ural-Regimenter, Nr. 1 und 3 zu 6 Sotnien	" 35 (3) "	1009 (71) "	1046 "
1 Ural-Regiment Nr. 2 zu 4 Sotnien	25 (3) "	613 (57) "	640 "
3 Sibirische Regimenter Nr. 1 bis 3 zu 6 Sotnien ...	" 44 (3) "	867 (128) "	1027 "
1 Semiretschensk-Regiment zu 4 Sotnien	27 (4) "	628 (45) "	640 "
1 Transbaikal-Regiment zu 6 Sotnien	41 (4) "	981 (36) "	1017 "
2 Amur-Reiter-Sotnien ...	6 "	151 (4) "	158 "
1 Ussuri-Reiter-Division zu 1 Sotnie	12 (3) "	176 (16) "	176 "

Summe 49½ (9½ zu 4, 40 zu 6 Sotnien) Regimenter und 8 Escadrons und Sotnien.

— 57 —

Im Kriege (1., 2., 3. Aufgebot):

	Offiziere	Mann	Pferde	Fahrzeuge
2 Leib-Garde-Don-Regimenter zu 6 Escadrons	je 36 (5)	910 (58)	985*)	33*)
51 Don-Regimenter Nr. 1 bis 51 zu 6 Sfotnien	= 25 (3)	889 (83)	1003	32
30 selbst. Don-Reiter-Sfotnien Nr. 1 bis 30	= 4	149 (6)	163	4
2 Leib-Garde-Kuban-Escadrons 2 Leib-Garde-Terek-Escadrons } Convoi .	= 6	180 (9)	383	—
30 Kuban-Regimenter mit Namen zu 6 Sfotnien	= 22 (4)	867 (117)	1021	32
3 Kuban-Regimenter mit Namen zu 4 Sfotnien	16 (4)	579 (97)	700	25
1 Kuban-Halb-Regiment zu 2 Sfotnien	11 (2)	291 (39)	339	10

8 Terek-Regimenter mit Namen zu 6 Sfotnien wie Kuban-Regimenter zu 6 Sfotnien,
4 = = = = 4 = = = = 4 =

	Offiziere	Mann	Pferde	Fahrzeuge
3 Astrachan-Regimenter Nr. 1 bis 3 zu 4 Sfotnien . . .	je 15 (3)	583 (79)	705	25
15 Orenburg-Regimenter Nr. 1 bis 3, 7 bis 18 zu 6 Sfotnien	= 21 (3)	879 (117)	1045	25
3 Orenburg-Regimenter Nr. 4 bis 6 zu 4 Sfotnien . .	= 15 (3)	584 (52)	664	17
2 Selbständige Orenburg-Reiter-Sfotnien	= 3	146 (13)	166	4
1 Leib-Garde-Ural-Escadron	8	181 (27)	195	8
6 Ural-Regimenter Nr. 1, 3 bis 7 zu 6 Sfotnien	= 22 (3)	896 (84)	1028	25
3 Ural-Regimenter Nr. 2, 8, 9 zu 4 Sfotnien	16 (3)	600 (66)	700	17
9 Sibirische Regimenter Nr. 1 bis 9 zu 6 Sfotnien . . .	= 22 (3)	879 (107)	1045	25
3 Ssemiretschensk-Regimenter Nr. 1 bis 3 zu 4 Sfotnien	= 25 (4)	600 (59)	695	17
3 Transbaikal-Regimenter Nr. 1 bis 3 zu 6 Sfotnien . . .	= 22 (4)	889 (75)	1016	32
1 Amur-Regiment zu 6 Sfotnien	21 (3)	890 (62)	1020	25
1 Ussuri-Reiter-Division zu 3 Sfotnien	12 (3)	545 (28)	624	—

Summe 145 (125½ zu 6, 19½ zu 4 Sfotnien) Regimenter und 37 Escabrons bezw. Sfotnien.

c. Reitende Artillerie.

Im Frieden (1. Aufgebot):
8 Don-Batterien (1 Leib-Garde) Nr. 1 bis 7 zu je 6 bespannten Geschützen und Nr. 4 bis 7 zu je 6 bespannten Munitionswagen,
5 Kuban-Batterien Nr. 2, 4, 5 zu je 6 bespannten, Nr. 1 und 3 zu je 4 bespannten Geschützen, und Nr. 4 zu 6, Nr. 1, 2, 3, 5 zu je 2 bespannten Munitionswagen,
2 Terek-Batterien Nr. 1, 2 zu je 4 bespannten Geschützen und je 2 bespannten Munitionswagen,
3 Orenburg-Batterien Nr. 1 und 3 zu je 6, Nr. 2 zu 4 bespannten Geschützen und Nr. 1 und 3 zu je 6, Nr. 2 zu 2 bespannten Munitionswagen,
2 Transbaikal-Batterien Nr. 1, 2 zu je 4 bespannten Geschützen und je 2 bespannten Munitionswagen,

Summe 20 Batterien mit 106 bespannten Geschützen und 60 bespannten Munitionswagen.

*) Diejenigen Pferde und Fahrzeuge, zu deren Beschaffung die Offiziere im Mobilmachungsfalle Beiträge erhalten, sind bei den Kasaken nicht berücksichtigt.

Außerdem sind Stämme der beurlaubten Don= und Orenburg=Batterien im Dienst.

Die Anfang 1890 erfolgte Zutheilung der 1. und 3. Orenburg=Batterien zur 2. gemischten Kasaken=Division hat die Erhöhung des Standes derselben auf 6 bespannte Geschütze und 6 bespannte Munitionswagen zur unmittelbaren Folge gehabt.

Im Kriege:

22 Don=Batterien (1 Leib=Garde=) Nr. 1 bis 21
5 Kuban=Batterien Nr. 1 bis 5
2 Terek= " Nr. 1 und 2
6 Orenburg=Batterien Nr. 1 bis 6
3 Transbaikal=Batterien Nr. 1 bis 3

} Die Batterien haben sämmtlich je 6 Geschütze, 12 Munitionswagen, 1 Vorraths=Lafette und denselben Train wie eine Reitende Batterie des stehenden Heeres bespannt.

Summe 38 Batterien mit 228 bespannten Geschützen.

Eine Don=Batterie zählt im Kriege: 5 Offiziere, 180 (33) Mann, 251 Pferde; ebensoviel eine Orenburg=Batterie; die übrigen haben noch einen Ersatz=Zug und in Folge dessen einen höheren Sollstand.

2. Besatzungs=Truppen.

Im Kriege und Frieden:

19 theils berittene, theils unberittene **Local=Commandos**, nämlich
  9 im Don=Gebiet,
  7 = Kuban=Gebiet,
  3 = Orenburg=Gebiet,
1 Irkutsk=Reiter=Ssotnie und
1 Krassnojarsk=Reiter=Ssotnie,
welche in den Gouvernements Jenissei und Irkutsk den inneren Dienst versehen.

3. Ersatz=Truppen.

Im Kriege werden formirt:

1 Leib=Garde=Don=Reserve=Regiment zu 6 Escadrons.

Dasselbe besteht aus den ältesten Jahrgängen der Frontkategorie und sorgt für den Ersatz der Garde=Kasaken=Reiterei.

1 Don=Ersatz=Batterie zu 4 Geschützen,
1 Orenburg=Ersatz=Batterie zu 4 Geschützen.

Wie bereits erwähnt, befindet sich bei den Kuban=, Terek=, Transbaikal= Batterien im Kriege je ein Ersatz=Zug.

4. Lehr=Truppen.

Im Kriege und Frieden:
1 Ural=Lehr=Ssotnie.

Dieselbe besteht aus einem Stamm und einem wechselnden Commando und dient hauptsächlich zur Heranbildung des Ausbildungs=Personals.

c. Ersatz-Kategorie.

Die zur Ersatz=Kategorie (vergl. Seite 4) entlassenen Kasaken werden in den Listen weitergeführt und müssen blanke Waffen und dienstbrauchbare Sättel bereit halten. Zur Anschaffung der Uniform und des Dienstpferdes sind sie verpflichtet, sobald ein diesbezüglicher Befehl ergeht. Die von der Frontkategorie aufgestellten Ersatz-Truppen sind zu schwach, um den Abgang der Feldtruppen decken zu können. Zur Erfüllung dieser Aufgabe ist daher hauptsächlich die Ersatz-Kategorie bestimmt. Die jüngsten Jahrgänge derselben können bei der Mobilmachung auch zur Completirung der Feldtruppen verwandt werden, falls hierzu die Mannschaften der Front-Kategorie nicht ausreichen. Die zum Ersatz des Abgangs in den Truppentheilen bestimmten Kasaken werden nach Bedarf in Marschcommandos formirt. Falls die Errichtung besonderer Truppentheile aus den Kasaken der Ersatz-Kategorie angeordnet wird, so geschieht dies nach den Etats der activen Truppentheile.

Der Stand der Ersatz-Kategorie sämmtlicher Heere dürfte etwa 55 000 wehrfähige Kasaken umfassen.

C. Milizen.

Miliz-Formationen sind nur im Militär-Bezirk Kaukasus und zwar in Krieg und Frieden vorhanden. Es sind folgende:

Ein Dagestan Irreguläres Reiter-Regiment zu 6 Ssotnien: 21 (3) Offiziere, 763 (16) Mann, 872 Pferde.

				Offiziere	Mann	Pferde
Ständige	Terek-Miliz	zu	9 Reiter-Ssotnien:	20	1 019 (9)	1 035
=	Kuban-Miliz	=	1 Reiter-Ssotnie:	1	87 (1)	88
=	Dagestan-Miliz	=	3 Reiter-Ssotnien: je	3	183	186
=	Kars-Miliz	=	3 Reiter-Ssotnien: =	2	106	108
=	Batum-Miliz	=	1 Reiter-Ssotnie: =	2	106	108
			2 Fuß-Ssotnien: =	2	106	—
Reitende	Turkmenen-Miliz		 8		304 (1)	—

Die Milizen sind für den inneren Dienst und zur örtlichen Vertheidigung der betreffenden Gebiete bestimmt.

D. Die Reichswehr und Heereswehr.

Die Eintheilung der Reichswehr in 2 Aufgebote, deren Bestimmung und Einberufung sind bereits Seite 3 besprochen worden.

Aus der Reichswehr werden, soweit sie nicht zur Verstärkung der Armee verwandt wird, „Drushinen zu Fuß" (940 Gewehre), „Reitende Ssotnien" (134 Pferde) und Batterien gebildet. Im Frieden bestehen hierfür seit 1890 schwache Stämme. Die Zahl der von jedem Gouvernement aufzustellenden Reichswehr-Truppentheile wird in dem bezüglichen Einberufungs-Manifest angeordnet.*) Die vorbereitenden Maßnahmen liegen den Gouvernements- und Kreis-Aushebungs-Commissionen ob, welche auch Listen der zu Offizieren in Aussicht genommenen Persönlichkeiten führen. Spätestens 28 Tage nach Empfang des Aufbietungsbefehls muß die Formirung der betreffenden Reichswehr-Truppentheile beendet sein. Für eine bestimmte Anzahl*) derselben wird Bewaffnung (Berdan-Gewehre) und Ausrüstung an den Formirungsorten bereit gehalten, während die Bekleidung erst im Bedarfsfalle von den Landschafts-Verwaltungen beschafft wird.

Die Reichswehr-Truppentheile eines Gouvernements stehen unter dem Befehl des „Chefs der Gouvernements-Reichswehr". Für diese Commandostelle, sowie

---

*) Nach einer älteren Bestimmung ist in erster Linie die Errichtung von 150 Drushinen und 24 Ssotnien beabsichtigt.

zu Commandeuren von Druſhinen und Sſotnien dürfen nur Perſonen ausgewählt werden, die als Offiziere im activen Dienſt geſtanden und ihrer Reſervepflicht genügt haben. Zu Compagniecommandeuren werden, abgeſehen von den vorgenannten, auch Perſönlichkeiten zugelaſſen, die eine Lehranſtalt 1. oder 2. Ordnung durchgemacht und ſich in Hinblick auf ihre Beſtimmung vorher einer ſechswöchentlichen Lagerübung bei der Truppe unterzogen haben. Bedingung für die Ernennung zu jüngeren Offizieren iſt, daß die Betreffenden entweder eine akademiſche Bildung beſitzen oder eine Lehranſtalt 2. Ordnung durchgemacht haben und im Staatsdienſt beſchäftigt ſind bezw. geweſen ſind.

Die Aufgabe der Reichswehr-Truppentheile gipfelt in der Ablöſung der Reſerve-Truppen aus dem Beſatzungsdienſt, damit dieſe zur Verſtärkung der Feld-Armee frei werden.

Die Formirung von Heereswehr-Truppentheilen (vergl. Seite 4) aus der Kaſaken-Bevölkerung erfolgt nach entſprechenden Grundſätzen. Es ſei dabei ausdrücklich hervorgehoben, daß über die 10 jüngſten Jahrgänge der Heereswehr noch namentliche Liſten geführt werden.

IV. Commando- und Verwaltungs-Behörden.

A. Truppen-Commandos.

1. Regiments-Commando.

Die Commandos eines Regiments, eines ſelbſtändigen Bataillons, einer Batterie*) und eines Parks bilden die Grundlage der geſammten Truppenverwaltung. Dieſe Truppencommandos unterſcheiden ſich von einander nur durch eine andere Zuſammenſetzung der Stäbe; die Beſtimmungen für die Leitung der Geſchäfte ſind die gleichen. Es wird daher nachſtehend nur das Commando eines Regiments beſprochen werden.

Der Regimentscommandeur leitet die Ausbildung des Regiments und iſt für daſſelbe in allen ſeinen Theilen und in jeder Beziehung verantwortlich. Die Befugniſſe deſſelben übertreffen in mancher Beziehung, z. B. hinſichtlich Ertheilung von Urlaub und der Erlaubniß zum Heirathen u. ſ. w., noch die einem Deutſchen Regimentscommandeur ertheilten.

Zum Regimentsſtabe gehören außer dem Commandeur 2 bis 3 Stabsoffiziere. Die Offiziere des Regimentsſtabes, welche beſondere Dienſtobliegenheiten zu erfüllen haben, ſind folgende:

a) Der Wirthſchaftsoffizier, welcher vom Regimentscommandeur aus der Zahl der Stabsoffiziere ernannt und vom Corpscommandeur beſtätigt wird. Derſelbe leitet nach den Weiſungen des Commandeurs die geſammte Wirthſchaftsverwaltung des Regiments und bedient ſich dabei der Mitwirkung der nachſtehend unter c bis g aufgeführten Perſonen. Er iſt mit ſeinem Vermögen für richtige Rechnungsführung haftbar.

b) Der Regimentsadjutant ſteht der Regimentskanzlei vor, ſoweit es ſich um Perſonal- und Truppen-Angelegenheiten handelt. Demſelben liegt auch die Aufſtellung des Mobilmachungsplanes ob.

c) Der Geſchäftsführer (für gewöhnlich ein Beamter) leitet den Schriftverkehr und die Rechnungsführung in allen wirthſchaftlichen Angelegenheiten.

---

*) Eine Mörſer-Batterie iſt kein ſelbſtändiger Truppentheil.

d) der Regimentszahlmeister, der gleichzeitig auch Quartiermeister ist, hat die Vereinnahmung, Aufbewahrung und Verausgabung aller beim Regiment eingehenden Gelder, Bekleidungs= und Ausrüstungsstücke. Als Quartiermeister ist ihm die Verwaltung der Lebensmittel= und Futter=Vorräthe, sowie der zur Einrichtung der Casernen und Lazarethe nöthigen Gegenstände anvertraut.

e) Der Waffenoffizier sorgt für Empfang und Ausgabe, sowie für vor= schriftsmäßige Aufbewahrung und Behandlung von Waffen und Munition. Er beaufsichtigt die Schießstände und Büchsenmacherwerkstätten.

f) Der Commandeur der Nichtstreitbaren=Compagnie hat neben seinen Obliegenheiten als Compagniecommandeur die Verwaltung des Regiments= Trains nebst Bespannung und der Regiments = Werkstätten ausschließlich der Büchsenmacherei.

g) der Lazarethoffizier leitet die Wirthschaftsverwaltung des Regiments= Lazareths und beaufsichtigt die Beköstigung der Kranken und des Dienstpersonals.

h) Der untersuchungsführende Offizier steht dem Gerichtswesen beim Regiment vor.

i) Der Regimentsarzt („ältere Arzt") ist mit der obersten Leitung der Gesundheitspflege betraut. Ihm sind die Bataillonsärzte u. s. w. unterstellt.

k) Der Regimentsgeistliche versieht die Seelsorge und führt Geburts= und Sterbelisten für alle Angehörigen der Russischen Kirche.

l) Der Jalonneuroffizier sorgt beim Exerciren für die richtige Auf= stellung der Jalonneure.

2. Brigade=Commando.

Die Infanterie= und Cavallerie=Brigaden sind nur Durchgangs= Behörden und haben weder eigene Adjutanten noch Kanzleien. Die betreffenden Commandeure sind für die Ausbildung, innere Ordnung und Mannszucht der ihnen unterstellten Regimenter verantwortlich und haben sich durch Besichtigungen hiervon zu überzeugen. In Wirthschaftsangelegenheiten haben die Brigade= commandeure nur darüber zu wachen, daß die Anordnungen der höheren Be= hörden befolgt werden; alle Anträge auf diesem Gebiete gehen von den Regimentern unmittelbar an die Division.

Der Commandeur einer Feld=Artillerie=Brigade hat den unterstellten Batterien gegenüber die Befugnisse eines Regimentscommandeurs. Zum Brigade= stabe gehören: 1 Adjutant, 1 Zahlmeister, 2 Aerzte, 1 Roßarzt, 1 Bereiter, 6 Schreiber, 7 Lazarethgehülfen u. s. w.

Die Commandeure selbständiger Brigaden (Schützen=, Sappeur=, Cavallerie=Ersatz) haben die Rechte und Pflichten eines Divisionscommandeurs und demgemäß einen entsprechend zusammengesetzten Stab.

3. Divisions=Commando.

Die Division ist die höchste Behörde, deren Commandeur für die ihm unterstellten Truppen in allen Theilen und in jeder Beziehung ver= antwortlich ist. Der Divisionscommandeur ist dem Corpscommandeur unterstellt oder unmittelbar dem Oberbefehlshaber des Militär=Bezirks, falls er eine selb= ständige Division commandirt. Chef des Divisionsstabes ist ein Oberst vom Generalstabe. Unter seiner Leitung bearbeiten zwei ältere Adjutanten: der eine (Generalstabsoffizier) die Truppen=, der andere die Wirthschafts=Angelegen=

heiten. Der Divisionsarzt überwacht die Gesundheitspflege und die Thätigkeit der Aerzte bei den Truppen.

Im Kriege wird der Stab einer Division durch einen Divisionsintendanten verstärkt, dem die Sorge für die Verpflegung der Truppen anvertraut ist. Ist die Division nicht im Corpsverbande, so wird zu deren Stabe noch ein Divisionsingenieur und ein Divisionscontroleur zugetheilt.

Zu erwähnen ist noch, daß im Kriege zu jeder Division ½ Kasaken-Sotnie des Beurlaubtenstandes als Convoi tritt. 1 Offizier, 22 Mann derselben werden als Stabswache formirt, während der Rest (43 Mann) beim Divisions-Train Dienst thut.

4. Corps-Commando.

Der Corpscommandeur ist dem Oberbefehlshaber des Militär-Bezirks unmittelbar unterstellt und hat demselben Berichte über den Ausfall der Besichtigungen und Vorschläge über die Abhaltung der jährlichen Lagerübungen einzureichen. Er sorgt für die einheitliche Ausbildung des Corps und den erforderlichen Zusammenhang zwischen den verschiedenen Waffengattungen. Territoriale Befugnisse stehen dem Corpscommandeur nicht zu. In wirthschaftlicher Beziehung hat er nur darüber zu wachen, daß die Truppentheile ihre Gebührnisse rechtzeitig und in der vorgeschriebenen Menge und Beschaffenheit empfangen.

Das Corps-Commando besteht im Frieden aus:
 a) dem Corpsstabe,
 b) dem Chef der Artillerie,
 c) dem Corpsarzt,
im Kriege außerdem noch aus:
 d) dem Corpsingenieur: Stabsoffizier mit einem Gehülfen,
 e) dem Corpsintendanten mit acht Beamten,
 f) dem Corpszahlmeister,
 g) dem Corpscontroleur mit vier Beamten,
 h) dem Corpsgericht mit fünf Beamten.

Die Zusammensetzung des eigentlichen Corpsstabes ist folgende:

Chef des Corpsstabes ein General vom Generalstabe, zwei ältere Adjutanten, von denen einer Generalstabsoffizier sein kann, zwei, im Kriege drei (Generalstabs-) Offiziere für besondere Aufträge, von denen einer Gehülfe des Stabschefs ist,

im Kriege ferner:

ein Topographenbeamter, ein Traincommandeur (Hauptmann, befehligt die Bagage des Corpscommandos), ein Corpscommandant (Oberst), dem die Aufrechterhaltung der Ordnung in militär-polizeilicher Beziehung und die Sorge für die Sicherheit des Hauptquartiers anvertraut ist.

Der Chef der Artillerie ist Generallieutenant und dem Corpscommandeur unmittelbar unterstellt. Zu seiner Verfügung stehen im Krieg und Frieden zwei Adjutanten und ein Artilleriebeamter. Der ihm im Frieden unmittelbar unterstellten Artillerie des Corps gegenüber hat er die Rechte und Pflichten eines Divisionscommandeurs (vergl. S. 15). Im Kriege darf er über die in den Verband der Infanterie- und Cavallerie-Divisionen getretenen Batterien nur mit Genehmigung des Corpscommandeurs verfügen, hat aber für die Ergänzung der Munition, der Pferde u. s. w. zu sorgen.

Die Stabswache wird im Kriege durch ½ Kasaken-Sotnie des Beurlaubtenstandes gebildet.

B. Militär-Local-Verwaltungen.

1. Kreistruppenchefs-Verwaltung.

Die Kreistruppenchefs-Verwaltungen sind die ausführenden Behörden in allen Rekrutirungs-, Ersatz- und Mobilmachungs-Angelegenheiten und entsprechen daher den Deutschen Bezirks-Commandos. Der Wirkungskreis des Kreistruppenchefs erstreckt sich außerdem auf die in seinem Kreise anwesenden Localtruppen, welche ihm unmittelbar unterstellt sind, und auf die Regelung des Garnisondienstes, soweit dieser nicht durch besondere Commandanturen gehandhabt wird.

Die Kreistruppenchefs-Verwaltungen sind den Local-Brigaden unterstellt und ihrer Wichtigkeit nach in drei Klassen eingetheilt. Die Chefs der Verwaltungen niederer und mittlerer Ordnung sind Oberstlieutenants, diejenigen höchster Ordnung Obersten; letztere haben in neun Kreisen einen Oberstlieutenant, in vier einen Hauptmann als Gehülfen. Jedem Kreistruppenchef sind ein Geschäftsführer (in den wichtigsten Verwaltungen zwei bis drei) und drei bis sieben Schreiber beigegeben.

Zu 80 Verwaltungen wird von den Reserve-Infanterie-Bataillonen ständig ein jüngerer Offizier commandirt, um das Verschickungswesen zu leiten.

Zur Instandhaltung der Bestände von Infanterie-Ersatz-Bataillonen ist bei den Verwaltungen, welche solche in Verwahrsam haben, der Etat um 1 Unteroffizier, 9 Mann erhöht (vergl. S. 50).

Anfang 1889 waren 540 Kreistruppenchefs-Verwaltungen vorhanden, welche im Laufe des Jahres um 2, 5, 11 in den Militär-Bezirken Irkutsk, Omsk, Kaukasus vermehrt wurden, so daß deren Zahl jetzt auf 558 gestiegen ist. Außerdem sind noch in Finnland 8 mit den gleichen Dienstobliegenheiten betraute Behörden vorhanden, welche dort die Bezeichnung „Landwehrbataillons-Bezirkscommandos" führen und in je 4 Ersatz-Compagnien zerfallen.

2. Local-Brigade-Verwaltung.

Die Militär-Bezirke des Europäischen Rußlands und des Kaukasus waren bisher in 24 Local-Brigade-Bezirke getheilt, welche meist 2 bis 3 Gouvernements umfaßten. 1889 wurde die 7. Local-Brigade aufgehoben und ihr Bezirk mit dem der 8., welche gleichzeitig ihren Sitz nach Warschau verlegte, vereinigt, sowie 3 neue Brigaden Nr. 25 bis 27 errichtet. Der 25. Local-Brigade mit dem Sitz in Baku (Kaukasus) wurden die Gouvernements Baku, Jelissawetpol und das Dagestan-Gebiet, der 26. in Omsk die Gouvernements Tomsk, Tobolsk und das Akmolinsk-Gebiet, der 27. endlich die Gouvernements Irkutsk, Jenissei und das Jakutsk-Gebiet zugetheilt. Es giebt mithin jetzt 26 Local-Brigade-Bezirke.

Der „Chef der Local-Brigade" ist dem Oberbefehlshaber des Militär-Bezirks unmittelbar unterstellt; er hat die Befugnisse eines selbständigen Divisionscommandeurs. Die 3. und 27. Local-Brigade haben keine besonderen Chefs. Die Geschäfte derselben werden von den Stabschefs der betreffenden Militär-Bezirke (Finnland und Irkutsk) mitversehen. Die Chefs der Local-Brigaden haben in Krieg und Frieden den Oberbefehl über alle in ihren Bezirken untergebrachten Train-Bataillone, Reserve-, Ersatz-, Localtruppen und Localbehörden, soweit solche nicht anderen höheren Verbänden angehören. Das bezügliche Verhältniß ist bei den einzelnen Truppentheilen u. s. w. angegeben. Das wichtigste

Gebiet für die Thätigkeit der Local-Brigade bildet die Mobilmachung; gegenüber den nur ausführenden Kreistruppenchefs-Verwaltungen ist sie hier die leitende und überwachende Behörde.

Der Local-Brigadestab besteht aus zwei Oberoffizieren als Adjutanten und einem (bei der 9. Local-Brigade zwei) Oberstlieutenant des Generalstabs. Letzterer hat die Mobilmachung und Formirung der im Kriege aufzustellenden Reserve-Infanterie-Truppentheile zu bearbeiten, die taktische Ausbildung der Reserve-Infanterie-Bataillone zu leiten und die Kreistruppenchefs-Verwaltungen im Auftrage seines Commandeurs zu beaufsichtigen.

3. Festungs-Verwaltung.

An der Spitze der Festungs-Verwaltung steht der dem Oberbefehlshaber des Militär-Bezirks bezw. dem Armee-Obercommando unmittelbar untergeordnete Festungscommandant. Derselbe hat gegenüber den zur Festung gehörenden Truppen, Anstalten u. s. w. die Befugnisse

   eines Corpscommandeurs in Festungen I. Klasse,
    = Divisionscommandeurs = = II. und III. Klasse,
    = Regimentscommandeurs = = IV. Klasse.

Den übrigen Truppen und Anstalten gegenüber, welche in der Festung ihren Standort haben, besitzt der Commandant nur die Rechte des Garnison-ältesten. Nach Erklärung des Belagerungszustandes erhält der Commandant die Befugnisse eines selbständigen Corpscommandeurs.

Der Commandant ist dafür verantwortlich, daß die Festung jeder Zeit vertheidigungsfähig ist; er hat das Recht, die in derselben untergebrachten Truppentheile einmal im Jahre zu besichtigen.

Die Festungs-Verwaltung begreift in sich:
 a) den Festungsstab,
 b) die Festungs-Artillerie-Verwaltung,
 c) die = =Ingenieur= =
 d) die = =Intendantur= =

im Kriegszustande ferner:
 e) die Festungs-Kasse,
 f) das = =Gericht.

Der Festungsstab, an dessen Spitze ein Generalstabsoffizier als Stabschef mit dem Range eines Corps= (I. Klasse) oder Divisions-Stabschefs (II., III. Klasse), bezw. eines Bataillonscommandeurs (IV. Klasse) steht, zerfällt in
   eine Commandantur-Abtheilung,
    = Front=   =
    = Sanitäts=   =

und schließt auch den Festungs-Geistlichen, die Militär-Brieftaubenstation, das Festungs-Gendarmerie- und Festungs-Feuerwehr-Commando in sich ein.

Im Kriege werden besondere Forts- und Abschnittscommandeure ernannt.

Nach Erklärung des Belagerungszustandes wird ein Festungsrath gebildet, dessen Entschließungen jedoch für den Commandanten nicht verbindlich sind. Der Festungsrath setzt sich unter dem Vorsitze des Commandanten zusammen aus den

Chefs des Festungsstabes, der Artillerie-, Ingenieur- und Intendantur-Verwaltungen, sowie aus dem ältesten Commandeur der übrigen Besatzungstruppen.

4. Commandantur-Verwaltung.

Den in einigen Städten eingerichteten Commandantur-Verwaltungen liegt die Sorge für den Garnison-Wachtdienst und die damit zusammenhängende militärische Polizei ob. Der Commandant, welcher dem Oberbefehlshaber des Militär-Bezirks untersteht, verfügt zu seiner Unterstützung über einen Commandantur-Stabsoffizier (Platzmajor) und einen oder mehrere Commandantur-Adjutanten.

C. Militär-Bezirks-Verwaltung.

Das Russische Reich ist in 13 Militär-Bezirke getheilt: Petersburg, Finnland, Wilna, Warschau, Kiew, Odessa, Moskau, Kasan, Kaukasus, Turkestan, Omsk, Irkutsk, Amur. Das Transkaspische Gebiet und das Don-Kasaken-Land sind keinem Militär-Bezirk untergeordnet; der dortige Oberbefehlshaber bezw. Heeres-Ataman hat dieselben Befugnisse wie der Oberbefehlshaber eines Militär-Bezirks.

Die Militär-Bezirks-Verwaltungen sind nach ihrer Zusammensetzung und Thätigkeit örtliche Kriegsministerien und in den Grenzbezirken gleichzeitig kriegsbereite Armee-Obercommandos.

Sämmtliche in einem Militär-Bezirk vorhandenen Truppen, militärische Anstalten und Militär-Verwaltungsbehörden sind dem Oberbefehlshaber des Militär-Bezirks unterstellt. In den Militär-Bezirken Warschau, Finnland, Kaukasus und den fünf*) des Asiatischen Rußlands ist der Oberbefehlshaber derselben gleichzeitig Generalgouverneur und vereinigt demnach in seiner Person mit der militärischen auch die höchste bürgerliche Gewalt des Bezirks. Zur Unterstützung und Vertretung der Oberbefehlshaber in den Militär-Bezirken Petersburg, Finnland, Warschau, Kiew, Kaukasus steht denselben ein Generallieutenant oder General als Gehülfe zur Seite. Den persönlichen Stab der Oberbefehlshaber bilden zwei bis vier Adjutanten und mehrere Generale und Stabsoffiziere zu besonderen Aufträgen.

Jede Militär-Bezirks-Verwaltung zerfällt in:

a) den **Militär-Bezirks-Rath** (fehlt im Militär-Bezirk Irkutsk), der unter dem Vorsitz des Oberbefehlshabers aus dem Gehülfen desselben, den drei Chefs: des Stabes, der Artillerie, der Ingenieure, sowie aus dem Intendanten und einem vom Kriegsministerium ernannten Mitgliede besteht und über wirthschaftliche Angelegenheiten zu beschließen hat.

b) den **Bezirksstab**, welcher alle Truppenangelegenheiten bearbeitet. Der Chef des Bezirksstabes ist Generallieutenant. Er kann auf Befehl des Oberbefehlshabers sämmtliche Truppentheile besichtigen und führt auch die Aufsicht über die im Bezirke vorhandenen Junkerschulen. Zu seiner Verfügung stehen 1 Oberst des Generalstabes als Gehülfe und eine Anzahl Offiziere (vom Generalstabe) für besondere Aufträge. Außer der Kanzlei und dem Archiv besitzt der Bezirksstab meist vier Abtheilungen, denen ältere Adjutanten mit ihren Gehülfen vorstehen. In der Mobilmachungs-Abtheilung wird der Mobilmachungsplan bis ins Einzelne bearbeitet, und concentrirt sich hier der ganze Schriftverkehr über die Kriegsvorbereitungen im Bezirk. In einigen

---

*) Einschließlich des Gebietes (Oblast) Transkaspien.

Militär-Bezirken sind außerdem noch eine „Topographische", eine „Kasaken-Abtheilung" und im Kaukasus sogar eine „Abtheilung für Kriegsgeschichte" vorhanden.

c) die Bezirks-Intendantur-Verwaltung mit dem Bezirks-Intendanten an der Spitze und drei Abtheilungen zur Versorgung der Truppen mit Geld, Bekleidung, Ausrüstung, Verpflegung u. s. w.

d) die Bezirks-Artillerie-Verwaltung unter einem Generallieutenant als Chef der Artillerie. Demselben sind die nicht im Corpsverbande stehenden Artillerie-Truppentheile und Anstalten, letztere soweit sie nicht vom Kriegsministerium verwaltet werden, unmittelbar untergeordnet. Die in zwei Abtheilungen gegliederte Verwaltung hat die Truppen und Festungen mit Waffen, Munition und Artilleriematerial zu versorgen.

e) die Bezirks-Ingenieur-Verwaltung mit vier Abtheilungen. Genannter Verwaltung, an deren Spitze der Chef der Ingenieure steht, liegt die Sorge für Festungen, Militärgebäude, technische Anlagen u. s. w. ob. Derselben sind die Festungs-Ingenieur-Verwaltungen, aber nicht die Festungs-Baumeister und die Feld-Ingenieur-Truppen untergeordnet.

f) die Bezirks-Militär-Medicinal-Verwaltung. Dieselbe ist mit der obersten Leitung aller militärärztlichen Anstalten und der Ueberwachung der Gesundheitspflege betraut; sie sorgt ferner für Versorgung der Truppen und Anstalten mit Arzneimitteln. An der Spitze der Verwaltung steht ein Militär-Medicinal-Inspector.

g) das Militär-Bezirks-Gericht (siehe Seite 72).

D. Das Kriegsministerium.

Das Kriegsministerium ist mit der Oberleitung und Oberaufsicht sämmtlicher Truppen, Militär-Verwaltungsbehörden und militärischen Anstalten betraut.

Der Kriegsminister, nur dem Kaiser verantwortlich, hat das Recht, alle Truppen und Militäranstalten jederzeit selbst oder durch Bevollmächtigte zu besichtigen. In wirthschaftlicher Beziehung hat er keine persönlichen Rechte und kann seine dahin gehenden Pläne nur als Vorsitzender des Kriegsraths geltend machen.

Das Kriegsministerium gliedert sich in:

1. das Kaiserliche Hauptquartier mit seiner Kanzlei und dem Convoi des Kaisers;

2. den Kriegsrath, welcher nur dem Kaiser unterstellt und verantwortlich ist. Seiner Entscheidung unterliegen alle Militärgesetze und militärökonomischen Vorlagen. Ihm beigegeben sind die Codifications-Abtheilung und das Haupt-Militär-Sanitäts-Comité;

3. das Haupt-Militär-Gericht (siehe Gerichtswesen);

4. die Kanzlei des Kriegsministers;

5. den Hauptstab mit Chef. Die Abtheilungen desselben bearbeiten: I. Gliederung des Heeres; II. Dislocation, eine Unterabtheilung bearbeitet Reglements und Ausbildung der Truppen; III. Wirthschaftsangelegenheiten; IV. Personalbestand der Offiziere ohne Artillerie- und Ingenieuroffiziere; V. Personalbestand der Mannschaften; VI. Belohnungen; VII. Stärken und Complettirung; VIII. Personalbestand der beurlaubten Offiziere und der Offiziere der Reserve und der Reichswehr.

Dem Hauptstabe sind zugetheilt:

I. die Landesaufnahme, welche das Corps der Topographen, eine Kartographische und eine Geodätische Abtheilung umfaßt;

II. die Abtheilung für Beförderung von Truppen und Militärgütern. Unter dem Chef des Hauptstabes besteht außerdem noch ein besonderer „Rath für Beförderung von Truppen" für Angelegenheiten, die der Mitwirkung des Verkehrs- und Marineministeriums oder von Fachleuten bedürfen;

III. das Departement für Asien für sämmtliche Militärverwaltungs- und Truppenangelegenheiten der Asiatischen Militär-Bezirke.

Ferner gehören dem Hauptstabe an:

Comité für Vorbereitung der Mobilmachung, Kriegswissenschaftliches Comité mit Kanzlei und Archiv (welchem die Arbeiten des Deutschen Großen Generalstabes betreffs der fremden Armeen zufallen), Allgemeines Archiv, Militärdruckerei, die militärischen Zeitschriften „Russki Inwalid" und „Wajenny Sbornik".

Unter dem Chef des Hauptstabes stehen:

Der Generalstab — zu ihm gehören u. A. die bei den Truppen und Verwaltungen in etatsmäßigen Generalstabsstellen befindlichen Offiziere;

das Feldjäger-Corps; die Junkerschulen; die Topographenschule und die Generalstabs-Akademie.

6. die Haupt-Intendantur-Verwaltung; 9 Abtheilungen; Chef: Hauptintendant;

7. die Haupt-Artillerie-Verwaltung; Chef: Generalfeldzeugmeister; 8 Abtheilungen; zugetheilt: a) das „Artillerie"-Comité, zur Bearbeitung aller die Artillerie und die Handfeuerwaffen betreffenden Fragen, Versuche, Erfindungen und Vorschriften; b) die Leitung des Artillerie-Journals, c) der Inspecteur der Festungs-Artillerie, d) die Waffenabnahme-Commission, e) die Inspecteure der technischen Anstalten; unterstellt sind Artillerie-Akademie und -Schule;

8. die Haupt-Ingenieur-Verwaltung; Chef: Generalinspecteur des Ingenieurwesens; 4 Abtheilungen; zugetheilt das „Ingenieur"-Comité zur Beurtheilung technischer und fortificatorischer Fragen, zur Prüfung von Bauentwürfen und Dienstvorschriften, sowie zur Leitung der wissenschaftlichen Ausbildung der Offiziere und Ueberwachung des Unterrichts in der Ingenieur-Akademie bezw. -Schule; unterstellt sind die Abtheilungen für Elektrotechnik und die Redaction des Ingenieur-Journals;

9. die Haupt-Militär-Medicinal-Verwaltung; Chef: Haupt-Militär-Medicinal-Inspecteur; 8 Abtheilungen ꝛc.; zugetheilt das „Militär-medicinisch-wissenschaftliche" Comité als höchste berathende Behörde bei Beurtheilung aller für die Gesundheitspflege wichtigen Fragen; untergeordnet sind die Feldscheerschulen und die militär-medicinische Akademie;

10. die Hauptverwaltung der Militär-Lehranstalten unter einem „Chef"; 3 Abtheilungen; zugetheilt das „Pädagogische" Comité zur Beurtheilung aller Unterrichts- und Erziehungsfragen, zur Feststellung des Lehrganges und Prüfung der Lehrer; unterstellt sind die Kriegsschulen und Cadetten-Corps;

11. die Hauptverwaltung der Kasaken unter einem „Chef"; 6 Abtheilungen; zugetheilt das Comité für die Kasaken-Heere behufs Begutachtung aller Gesetzgebungs- und wirthschaftlichen Fragen; unterstellt sind die Kasaken-Junkerschulen;

12. die Haupt-Militär-Gerichts-Verwaltung (dem Haupt-Militär-Procurator unterstellt, siehe „Gerichtswesen").

Dem Kriegsministerium sind beigeordnet:
die Kanzlei des Alexander-Comités für die Verwundeten,
„ Verwaltung des Generalinspecteurs der Cavallerie,
„ „ „ Inspecteurs des Schießdienstes,
„ „ der orthodoxen Militärgeistlichkeit,
„ „ „ Militär-Wohlthätigkeits-Anstalten.

E. Oberste Commando- und Verwaltungsbehörden im Felde.

1. Armee-Obercommando.

Die auf einem Kriegsschauplatze vereinigten Streitkräfte werden in Armeen eingetheilt, an deren Spitze Armee-Oberbefehlshaber stehen.

Der Chef des Stabes ist der erste Gehülfe und Vertreter des Armee-Oberbefehlshabers.

Ein Armee-Obercommando zerfällt in 8 Hauptabtheilungen:
a) Verwaltung des Generalquartiermeisters; Chef: Generalquartiermeister.
b) „ „ Generals vom Dienst; Chef: General vom Dienst.
c) Feldverwaltung der militärischen Verbindungen; Chef: Chef der militärischen Verbindungen. (a, b, c bilden den Feldstab.)
d) Feld-Intendanturverwaltung; Chef: Armee-Intendant.
e) Feld-Artillerieverwaltung; Chef: Inspecteur der Artillerie.
f) Feld-Ingenieurverwaltung; Chef: Inspecteur der Ingenieure.
g) Feldhauptkasse; Chef: Feld-Hauptzahlmeister.
h) Feld-Controlverwaltung; Chef: Feld-Hauptcontroleur.

Die erstgenannten drei Hauptabtheilungen sind dem Chef des Stabes, die übrigen dem Oberbefehlshaber unmittelbar untergeordnet.

Außer den Hauptabtheilungen besteht ein Obercommando noch aus 7 Abtheilungen:

1. Kanzlei des Feldstabes unter dem Chef des Stabes;
2. Feld-Militär-Hospitalverwaltung
3. „ „ Medicinalverwaltung
} unter dem General vom Dienst, dem ferner der Commandant des Hauptquartiers, der Armee-Auditeur, der Hauptbevollmächtigte des Rothen Kreuzes und die Geistlichkeit untergeordnet sind;

4. Feldetappen-Verwaltung
5. Feldwege-Verwaltung
6. Feldpost- und Telegraphenverwaltung
7. Feldverwaltung der Armeetransporte
} unter dem Chef der militärischen Verbindungen.

Dem Armee-Oberbefehlshaber, der nur dem Höchstcommandirenden unterstellt und verantwortlich ist, sind die weitgehendsten Machtbefugnisse eingeräumt. Seinen Befehlen sind auch die in den Operationsbereich seiner Armee fallenden Militär-Bezirke und Gouvernements, soweit in letzteren der Kriegszustand erklärt ist, unterstellt.

Das Obercommando ist eine anordnende Behörde, der als Ausführungsorgane die Generalcommandos und Verwaltungen der an der Grenze liegenden Militär-Bezirke dienen. Erfolgt im Angriffskriege die Besetzung feindlicher Gebiete, so werden dort Kriegs-Generalgouvernements nach Art der Militärbezirks-Verwaltungen gebildet.

2. Das große Hauptquartier.

Der Oberbefehl über die auf einem Kriegsschauplatze operirenden Armeen wird, wenn der Kaiser ihn nicht selbst übernimmt, einem Höchstcommandirenden übertragen. Derselbe vertritt die Person des Kaisers und ist dementsprechend mit einer außergewöhnlichen Machtfülle umgeben. Die von ihm an die unterstellten Armeen, Militär-Bezirke, Gouvernements u. s. w. ertheilten Befehle sind als Allerhöchste eigenhändige Befehle anzusehen und zu befolgen. Nach Ankunft des Kaisers auf dem Kriegsschauplatze tritt der Höchstcommandirende in das Verhältniß eines Chefs des Stabes Sr. Majestät. Der Oberbefehl bleibt bei Anwesenheit des Kaisers nur dann in den Händen des Höchstcommandirenden, wenn dies durch Allerhöchsten Befehl ausdrücklich bekannt gemacht wird.

An der Spitze des großen Hauptquartiers, das in nachstehende drei Abtheilungen getheilt ist, steht ein Chef des Stabes:

1. Abtheilung des Generalquartiermeisters beim Höchstcommandirenden, für operative Zwecke.
2. Abtheilung des Generals vom Dienst beim Höchstcommandirenden, bearbeitet die Personal- und Stärkeverhältnisse, sowie die Ausrüstung der Armeen mit Vorräthen jeder Art;
3. Eisenbahn-Abtheilung für die allgemeine Leitung des Eisenbahnbetriebes und Vertheilung der Verkehrsmittel auf die einzelnen Heere.

V. Militärische Anstalten.

A. Artilleriewesen.

1. Waffen- und Munitionsfabriken. 3 Gewehrfabriken zu Sestrorjezk, Tula und Ishew, 3 Pulverfabriken auf Ochta, in Michailow-Schostka und Kasan, die Patronenfabrik zu Petersburg, 3 Local-Arsenale zur Anfertigung von Geschützen, Laffeten, Protzen und Artillerie-Fahrzeugen u. s. w. zu Petersburg, Briansk und Kiew, sowie 1 Bezirks-Artillerie-Arsenal in Taschkent, die Geschützgießerei zu Petersburg, die Raketenfabrik zu Nikolajew.

2. 17 Bezirks-Artillerie-Depots, meist mit Artillerie- und Laboratorien-Werkstätten, zu Petersburg, Dünaburg, Brest-Litowsk, Krementschug, Bobruisk, Warschau, Kiew, Kursk (mit je 1 Abtheilung in Briansk und Schostka), Moskau (mit 1 Abtheilung in Tula), Kasan (mit 1 Abtheilung in Orenburg und Ishew), Tiflis (mit 1 Abtheilung in Alexandropol), Georgiewsk, Chabarowka, Irkutsk, Tschita, Wjärny und Omsk.

Das Artillerie-Depot in Tawastus ist 1889 aufgehoben und dafür das Petersburger verstärkt worden.

3. 2 Artillerie-Werkstätten in Warschau und Tiflis.
4. 1 Laboratorium zu Taschkent.
5. 9 Artillerie-Schießplätze (Artillerie-Lehr-Polygone) für die Schießübungen in den Militär-Bezirken und 1 Haupt-Artillerie-Schießplatz auf Ochta für artilleristische Versuche.

B. Ingenieurwesen.

1. 6 Bezirks-Ingenieur-Depots in Petersburg, Moskau, Dünaburg, Brest-Litowsk, Kiew und Tiflis.

2. 5 Festungs-Ingenieur-Depots in den Festungen des Warschauer Militär-Bezirks und in Bender.

3. 1 Central-Ingenieur-Depot zu Bobruisk.

4. 2 Torpedo-Depots in Kronstadt und Odessa.

5. **Taubenpost-Stationen.** Die Militär-Taubenpost bezweckt die Aufrechterhaltung der Verbindung mit belagerten Festungen und steht unter der Oberaufsicht und Leitung der von der Haupt-Ingenieur-Verwaltung abhängigen Abtheilung für Elektrotechnik (siehe S. 67).

Die dieserhalb eingerichteten Taubenpost-Stationen zerfallen nach der Zahl der Richtungen, in welchen die Verbindung unterhalten werden soll, in vier Klassen. Zum Betriebe jeder Richtung sind 250 Tauben vorgesehen. Die in Festungen befindlichen Stationen unterstehen den Commandanten, die übrigen den Chefs der betreffenden Militär-Bezirksstäbe. Den Taubenpost-Stationen I. Klasse stehen Oberstlieutenants, den anderen Oberoffiziere vor. Ein besonderes Zucht-Depot in Brest-Litowsk soll für die Erhaltung der Gattung sorgen. Desgleichen beschäftigt sich auch die Luftschiffer-Abtheilung (S. 53) mit der Zucht von Brieftauben. Als Tauben-Pfleger und -Züchter sollen Russische Unterthanen gemiethet und im Bedarfsfalle aus abcommandirten Mannschaften ersetzt werden. Zucht und Pflege erfolgt auf Grund einer vom Kriegsministerium erlassenen Anweisung. Die Brieftauben werden gestempelt und gelten als Staatseigenthum. Es bestehen 4 Stationen zu Brest-Litowsk, Warschau, Iwangorod und Nowogeorgiewsk zu je 500 bis 750 Tauben.

In Kiew hat sich 1889 ein Brieftauben-Verein gebildet, der auch Wettfliegen veranstaltet.

Die Einfuhr von Tauben ist nur nach jedesmaliger besonderer Genehmigung des Finanzministers gestattet.

C. Sanitätswesen.

1. **Hospitäler und Lazarethe.**

Im Frieden sind vorhanden:

a) **Ständige Militär-Hospitäler.** Dieselben befinden sich in großen Garnisonen und werden in 4 Klassen zu 200, 400, 650 und 1100 Betten eingetheilt. Die Hospitäler 4. Klasse zu Petersburg, Moskau, Warschau sind für 1500 Betten eingerichtet.

Die unmittelbare Fürsorge für tadellose Instandhaltung eines jeden Militär-Hospitals ist einem Offizier als Hospital-Chef übertragen, welcher dem Hospital-Personal und den Kranken gegenüber die Disciplinarstrafgewalt eines Brigadecommandeurs hat. Die eigentliche Verwaltung des Hospitals regelt, soweit sie mit der Krankenheilung in Verbindung steht, der Haupt-Arzt, in wirthschaftlicher und polizeilicher Beziehung der Hospital-Inspector.

b) **Local-Lazarethe** bis zu 350 Betten. Dieselben werden bei Reserve-, Ersatz- und Local-Truppentheilen, militärischen Anstalten, sowie auch als selbstständige Heilanstalten errichtet.

c) **Truppen-Lazarethe**, welche zu 3 Betten auf je 100 Mann bei den Stäben der Regimenter und selbständigen Truppentheilen eröffnet*) werden, in

---

*) Das für ein Truppen-Lazareth nöthige Material ist bei allen Truppentheilen ständig vorhanden.

deren Standorten kein ständiges Hospital oder Local-Lazareth vorhanden ist, bezw. ein solches weniger Betten zählt als das Truppen-Lazareth.

Im Kriege treten zu den bereits bei den Sanitäts-Trains S. 43 aufgeführten Truppen-, Divisions-Lazarethen und beweglichen Feldhospitälern noch hinzu:

α) 240 Reserve-Feldhospitäler (Nr. 1 bis 240), welche genau wie die beweglichen eingerichtet sind, aber keinen eigenen Train haben. Sie werden mittelst beigetriebener Fahrzeuge bezw. mittelst der Eisenbahn fortbewegt. Ein Theil der Reserve-Feldhospitäler ist zur Errichtung an Etappenpunkten bestimmt, die übrigen werden über den ganzen Kriegsschauplatz vertheilt und nach Anordnung des Armee-Hospital-Inspectors eröffnet bezw. eingezogen.

Bei einigen Feldhospitälern werden auf Anordnung des Generals vom Dienst beim Obercommando die der Lazarethpflege nicht oder nicht mehr bedürftigen Kranken, Verwundeten ꝛc. zu Commandos von Schonungsbedürftigen (Maroden-Commandos) in der Stärke von 50 bis 200 Mann zusammengezogen.

β) Vereinigte Feldhospitäler zu 420 bezw. 630 Betten. Dieselben werden auf Anordnung des Generals vom Dienst beim Obercommando behufs Vereinfachung der Verwaltung gebildet, wenn mehrere, Divisionen nicht zugetheilte, Feldhospitäler sich an einem Orte befinden. Das vereinigte Feldhospital wird nach dem Orte benannt, wo es errichtet ist.

γ) Zeitweilige Festungshospitäler werden in Festungen zur Aufnahme von je 20 Offizieren, 400 Mann errichtet, wenn sich die Friedens-Heilanstalten als unzureichend erweisen und der Erweiterung nicht fähig sind.

Der Sanitätsdienst im Kriege gestaltet sich hiernach kurz wie folgt:

Die erste ärztliche Hülfe wird den Verwundeten von den Truppen- und Divisions-Lazarethen (vergl. S. 43) gewährt.

Die Heilung der Kranken und Verwundeten übernehmen die beweglichen Feldhospitäler (S. 43) und Reserve-Feldhospitäler (s. oben), ferner die ständigen Militärhospitäler und Local-Lazarethe (S. 70), sowie die zeitweiligen Festungshospitäler (s. oben). Außerdem werden hierfür benutzt: Civil-Heilanstalten, Sanitätsanstalten des Rothen Kreuzes und Heilanstalten jeder Art in besetzten feindlichen Gebieten.

Schonungsbedürftige erhalten bis zur Wiedergewinnung völliger Dienstfähigkeit die nöthige Pflege bei besonderen Commandos.

Den Abschub der Verwundeten ꝛc. vom Kriegsschauplatz, sowie die Vertheilung derselben auf die verschiedenen Heilanstalten besorgen Militär-Sanitätstransporte (S. 43), Militär-Sanitätszüge bezw. -Schiffe.

2. 9 Apotheken-Magazine und 1 Apotheken-Niederlage in Warschau, sowie 1 Reserve-Apotheke in Transkaspien.

Im Kriege werden außerdem zur Verabfolgung von chirurgischen Instrumenten, Arzneimitteln ꝛc. an die Truppen und Sanitätsanstalten an geeigneten Punkten des Kriegsschauplatzes Feldapotheken errichtet. Die Ergänzung derselben, deren Vorrath ein Fünftel des von Feldhospitälern ꝛc. mitgeführten Gesammtbestandes beträgt, erfolgt aus den ständigen Apotheken-Magazinen. Liegen letztere zu weit entfernt, so werden nach Uebereinkunft zwischen dem Armee-Oberbefehlshaber und dem Kriegsminister zeitweilige Apotheken-Magazine angelegt.

3. Fabrik chirurgischer Instrumente zu Petersburg.

4. Depot für Hospitalsachen zu Brest-Litowsk (unter der Haupt-Intendanturverwaltung).

D. Intendanturwesen.

1. 15 Intendantur-Depots zu Petersburg, Dünaburg, Kiew, Krementschug, Woronesh, Moskau, Tambow, Kasan, Simbirsk, Orenburg, Tiflis, Stawropol, Taschkent, Omsk und Chabarowka.
2. 1 Intendantur-Niederlage für unberührbare Hospital-Vorräthe zu Brest-Litowsk.
3. 2 Montirungs-Werkstätten zu Dünaburg und Kiew.
4. 5 Train-Werkstätten zu Wilna, Warschau, Kiew, Moskau und Kasan.
5. 6 Militär-Dampfbäckereien zu Wilna, Minsk, Warschau-Stadt, Warschau-Citadelle, Brest-Litowsk, Nowogeorgiewsk. Letztere ist 1889 angelegt.
6. 15 Militär-Dampfmühlen zu Wilna, Minsk, Nowogeorgiewsk, Brest-Litowsk, Iwangorod, Kiew, Rowno, Odessa, Krementschug, Wladiwostok, Nowgorod im Küstengebiet am Stillen Ocean, Warschau, Kowno, Winniza und Berditschew. Die 4 letztgenannten sind 1889 in Betrieb gesetzt.
7. 1 Heupresse zu Shlobin (in der Polesie). Der Sollstand derselben ist 1889 behufs Abcommandirung von Mannschaften zu einer Privat-Heupresse in Ljäsnaja erhöht worden.
8. 293 Verpflegungsmagazine: 50 erster, 87 zweiter, 101 dritter, 55 vierter Klasse. In den Magazinen erster Klasse befinden sich mindestens 100 000, in denen zweiter Klasse 20 000 bis 100 000, in denen dritter Klasse 10 000 bis 20 000, in denen vierter Klasse weniger als 10 000 Hectoliter Getreide u. s. w. 1889 sind 2 Verpflegungsmagazine zu Lubny und Moshaisk aufgehoben, 2 I. und 2 II. Klasse zu Warschau, Kowno bezw. Cholm, Uman neu errichtet, 3 zu Kowno, Berditschew und Luzk aus der II. in die I., 1 zu Proskurow aus der III. in die II. Klasse versetzt. Im ersten Halbjahr 1890 sind 3 Magazine in eine niedrige Klasse versetzt und 1 IV. Klasse neu errichtet worden.

VI. Militär-Rechtspflege.

A. Militär-Gerichte.

Es bestehen im Frieden:

1. Regiments-Gerichte bei allen Truppentheilen, deren Commandeure die Befugnisse eines Regimentscommandeurs haben. Sie heißen bei selbständigen Bataillonen und Feld-Artillerie-Brigaden „Bataillons"- bezw. „Brigade-Gerichte". Diese Gerichte sind zuständig bei allen eine Disciplinar-Erledigung ausschließenden Vergehen von Mannschaften, die nicht eine Ueberweisung an ein Disciplinar-Bataillon oder härtere Strafen nach sich ziehen oder, falls die Angeklagten besondere Rechte genießen, nicht den Verlust oder Beschränkung dieser Rechte erfordern.
2. 12 Militär-Bezirks-Gerichte, d. h. 1 in jedem Militär-Bezirk, mit Ausnahme von Finnland, wo ein solches nicht vorhanden ist. Das Transkaspische bezw. Don-Gebiet gehört in den Bereich des Kaukasischen bezw. Odessaer Bezirks-Gerichts. Der Zuständigkeit der Militär-Bezirks-Gerichte unterliegen alle gerichtlich zu sühnenden Verbrechen und Vergehen von Offizieren und Beamten, sowie diejenigen von Mannschaften, welche die Zuständigkeit der Regiments-Gerichte übersteigen, endlich alle Vergehen gegen die Disciplin und den Dienst, bei welchen Civilpersonen betheiligt sind.
3. Das Haupt-Militär-Gericht zu Petersburg als oberster Cassationshof.

Im Kriege wird die Militär-Rechtspflege ausgeübt durch:
1. die Regiments- ꝛc. Gerichte bei den selbständigen Truppentheilen;
2. Etappen-Gerichte mit den Befugnissen der vorstehenden, an Etappenorten;
3. Corps-Gerichte bei jedem Armee-Corps;
4. Festungs-Gerichte in Festungen, über welche der Kriegszustand verhängt ist;
5. ein Gericht im Rücken der Armee, im Hauptquartier des Oberbefehlshabers der Truppen im Rücken der Armee;
6. ein Cassations-Gericht mit den Befugnissen des Haupt-Militär-Gerichts, ebenfalls im Hauptquartier des Oberbefehlshabers der Truppen im Rücken der Armee.

Die unter 1, 2 genannten Gerichte verwalten die niedere, diejenigen unter 3 bis 5 die höhere Gerichtsbarkeit.

B. Ehrengerichte der Offiziere.

Es giebt nur Ehrengerichte für Oberoffiziere (Hauptleute und Lieutenants). Begeht ein Stabsoffizier eine ehrenrührige Handlung, so wird wegen seiner Entlassung die Allerhöchste Entscheidung erbeten.

Ehrengerichte werden bei Regimentern, Artillerie-Brigaden und selbständigen Bataillonen durch Wahl sämmtlicher Offiziere der betreffenden Truppentheile, die Commandeure derselben ausgenommen, gebildet und bestehen bei ersteren aus sieben, bei den beiden letzteren aus fünf Mitgliedern. Nicht wählbar sind bei den Regimentern die Premierlieutenants und Secondlieutenants, bei den Artillerie-Brigaden und den Bataillonen die Secondlieutenants. In das Ehrengericht der Regimenter und Artillerie-Brigaden muß mindestens ein Stabsoffizier und ein Capitän, in das der Bataillone mindestens ein Capitän gewählt werden.

Die Ermittelung des Thatbestandes geschieht durch das Ehrengericht. Ist die Untersuchung beendet, so führt es die Entscheidung des Regiments- u. s. w. Commandeurs herbei, ob über den Angeschuldigten ehrengerichtlich abgeurtheilt werden soll. Der Spruch des Ehrengerichts erfolgt durch Stimmenmehrheit und kann lauten auf:

Freisprechung,
Ertheilung einer Warnung,
Entfernung aus dem Regiment.

Das Urtheil muß dem Angeklagten unverzüglich von dem Vorsitzenden des Ehrengerichts bekannt gemacht und noch an demselben Tage dem Regimentscommandeur unterbreitet werden. Eine Berufung gegen den Urtheilsspruch ist unstatthaft. Der Angeschuldigte darf jedoch innerhalb dreier Tage Beschwerde wegen Verletzung der Vorschriften über das ehrengerichtliche Verfahren einlegen. Hält der Regimentscommandeur die Beschwerde für gerechtfertigt oder findet er selbst einen Verstoß gegen die bezüglichen Bestimmungen, so kann er innerhalb dreier Tage das Urtheil aufheben und das Ehrengericht unter Hinweis auf das vorgeschriebene Verfahren zu einem neuen Spruch veranlassen.

Ist der Angeschuldigte zur Entfernung aus dem Regiment verurtheilt, so wird er vom Commandeur ersucht, binnen drei Tagen sein Abschiedsgesuch einzureichen. Weigert er sich dessen, so wird seine Entlassung auf dem Dienstwege unter Beifügung des Spruchs und der Acten des Ehrengerichts erbeten.

C. Disciplinarstraf-Ordnung.

Nach der am 8. Juni 1888 eingeführten Disciplinarstraf-Ordnung können folgende Disciplinarstrafen verfügt werden:

a) Gegen Gefreite und Gemeine:

Casernenarrest bis zu einem Monat,
Strafdienst bis zu acht Malen,
einfacher Arrest bis zu einem Monat,
strenger Arrest bis zu 20 Tagen,
verschärfter Arrest bis zu acht Tagen.
Entfernung von der Gefreitenstelle und Absetzung von höheren Dienstposten und Gebührnissen; außerdem im Kriege: Versetzung in die Strafklasse, wenn die Betreffenden weder Corporalschaftsführer sind noch Standesvorrechte genießen.

b) Gegen Unteroffiziere:

Verweise,
Casernenarrest bis zu einem Monat,
Strafdienst bis zu acht Malen,
einfacher Arrest bis zu einem Monat,
strenger Arrest bis zu 20 Tagen,
Absetzung von höheren Dienstposten,
Ausschließung von der Beförderung zum Offizier,
Entfernung aus dem Unteroffizierstande, Capitulanten ausgenommen.
(Gegen Feldwebel und Capitulanten darf kein strenger Arrest verhängt werden.)

c) Gegen Offiziere:

Verweise in drei Abstufungen,
Haus- und Wacharrest bis zu einem Monat,
Ausschließung von der Beförderung,
Entfernung von der Dienst- oder Commandostelle,
Dienstentlassung, wenn alle übrigen Disciplinarstrafen sich als fruchtlos erwiesen haben.

Bezüglich der letzten Strafe sei bemerkt, daß Offiziere nur durch Allerhöchsten Befehl auf dem Disciplinarwege aus dem Dienste entlassen werden können.

Die Disciplinarstrafgewalt der Vorgesetzten ist mit ähnlichen Ausnahmen wie im Deutschen Heere auf die Untergebenen ihres Befehlsbereichs beschränkt.

Auf Grund der ihnen verliehenen Strafgewalt können verhängen:

1. Gegen Unteroffiziere und Mannschaften:

Corporalschaftsführer:

Einen Tag Casernenarrest,
ein Mal Strafdienst.

Zug-Unteroffiziere:

Zwei Tage Casernenarrest,
zwei Mal Strafdienst.

Feldwebel, sowie Unteroffiziere und Gemeine als Dienstälteste bei besonderen Commandos.

Vier Tage Casernenarrest,
drei Mal Strafdienst,
einen Tag einfachen Arrest.

Jüngere Offiziere und Fähnriche:

Acht Tage Casernenarrest,
vier Mal Strafdienst,
zwei Tage einfachen Arrest.

Compagniecommandeure:

Einen Monat Casernenarrest,
acht Mal Strafdienst,
fünf Tage einfachen und strengen, zwei Tage verschärften Arrest,
15 Ruthenhiebe gegen Mannschaften der Strafklasse.

Jüngere Stabsoffiziere und Bataillonscommandeure:

Zehn Tage einfachen und strengen, vier Tage verschärften Arrest,
25 Ruthenhiebe, s. oben.

Regimentscommandeure:

50 Ruthenhiebe, s. oben, im Uebrigen die höchsten Strafen, abgesehen von der Entfernung aus dem Unteroffizierstande, welche im Frieden erst vom Divisionscommandeur verfügt werden kann.

Außerdem haben die Regimentscommandeure das Recht, zur Verschärfung der Strafe einen einmonatlichen Arrest, aus einfachem, strengem und verschärftem Arrest zusammengesetzt, zu verhängen.

2. Gegen Offiziere:

Compagniecommandeure:

Verweise (einfache),
einen Tag Hausarrest.

Jüngere Stabsoffiziere und Bataillonscommandeure:

Verweise vor versammeltem Offiziercorps,
drei Tage Haus= und Wacharrest gegen Oberoffiziere.

Regimentscommandeure:

Durch Prikas veröffentlichte Verweise,
drei Tage Haus= und Wacharrest gegen Stabs=, sieben Tage gegen Oberoffiziere,
Entfernung von der Dienst= und Commandostelle, bei Bataillonscommandeuren nur in unaufschiebbaren Fällen,
Vorschläge über Ausschließung von der Beförderung.

Brigadecommandeure:

Durch Prikas veröffentlichte Verweise gegen Regimentscommandeure, sieben Tage Haus- und Wacharrest gegen Stabs-, 14 Tage gegen Oberoffiziere,

Entfernung von dem Commando eines Bataillons bezw. eines Regiments im Kriege oder in unaufschiebbaren Fällen.

Divisionscommandeure:

Durch Prikas veröffentlichte Verweise gegen Generale, 14 Tage Haus- und Wacharrest gegen Stabs-, einen Monat gegen Oberoffiziere,

Entfernung von dem Commando einer Brigade in Kriegszeiten, sowie in unaufschiebbaren Fällen,

Ausschließung von der Beförderung.

Corpscommandeure und Gehülfen der Oberbefehlshaber der Militärbezirke:

Durch Prikas veröffentlichte Verweise gegen Divisionscommandeure, 20 Tage Haus- und Wacharrest gegen Stabs-, einen Monat gegen Oberoffiziere,

Entfernung von dem Commando einer Division in Kriegszeiten, sowie in unaufschiebbaren Fällen,

Entscheidung der Vorschläge über Entlassung von Oberoffizieren.

Kriegsminister und Oberbefehlshaber der Militär-Bezirke:

Durch Prikas veröffentlichte Verweise gegen Corpscommandeure, einen Monat Haus- und Wacharrest gegen Stabs- und Oberoffiziere,

Entfernung der Generale vom Commando in Kriegszeiten und in unaufschiebbaren Fällen,

Entscheidung der Vorschläge über Entlassung von Stabsoffizieren.

Hinsichtlich der Zuständigkeit zur Verhängung von Disciplinarstrafen gilt als Regel, daß der höhere Vorgesetzte bestraft, wenn

a) ein Vergehen in seiner Gegenwart verübt wird,
b) der untergebene Befehlshaber seine Strafgewalt nicht für ausreichend hält,
c) sich herausstellt, daß ein Vergehen von dem untergebenen Befehlshaber gar nicht oder nicht der Schuld entsprechend geahndet worden ist.

Dem höheren Vorgesetzten steht nicht das Recht zu, eine Strafe als zu streng abzuändern, wenn der zuständige Befehlshaber seine Strafgewalt nicht überschritten hat.

Die Vollstreckung des einfachen, strengen und verschärften Arrestes entspricht der des gelinden, mittleren und strengen Arrestes in Deutschland.

Bei gelindem Arrest kann der Betreffende zum Dienst herangezogen werden; ebenso auch der mit Hausarrest bestrafte Offizier. Letzterem wird das Seitengewehr nicht abgenommen.

Der Wacharrest verbüßende Offizier darf jedoch nicht zum Dienst befohlen werden und muß auch sein Seitengewehr abgeben.

Podparutschik. (Sec. Lieut.) — Parutschik. (Pr. Lieut.) — Schtabskapitan. — Kapitan. (Hauptmann) — Podpolkownik. (Oberstlieutenant) — Polkownik. (Oberst)

Oberst und Flügel-Adjut. — Generalmajor. — Generalmajor d. Res. — Generalmajor d. kais. Suite. — Generallieutenant. — Generallieut. u. General-Adjut.

Schapka eines General-Adjutanten. — Polny General. (General d. Inf.) — Feldmarschall. — Schapka eines Generals.

Dragoner-Schapka. — Unteroffizier des 18. Inf. Regts. — Kasaken-Papacha.

D. Beschwerden.

Der Beschwerdeweg ist durch die Disciplinarstrafordnung von 1888 neu geregelt worden. Beschwerden dürfen nicht mehr dem nächsten directen Vorgesetzten, sondern müssen außer bei Besichtigungen dem Vorgesetzten des Verklagten unmittelbar vorgetragen werden. Beschwerden gegen Vorgesetzte vom Regimentscommandeur aufwärts dürfen nur auf schriftlichem Wege erfolgen. Es ist verboten, Beschwerden bei Besichtigungen durch höhere Vorgesetzte anzubringen, wenn sie nicht vorher, falls dies möglich war, bei solchen durch niedere Vorgesetzte vorgetragen wurden. Erhält der Beschwerdeführer nach Verlauf eines (früher 6) Monats keinen Bescheid auf seine Beschwerde, so kann er sich wegen Rechtsverweigerung beschweren. Bei jeder Compagnie u. s. w. ist ein Beschwerdebuch zu führen, in welches alles auf Beschwerden Bezügliche eingetragen wird.

VII. Bekleidung, Ausrüstung, Bewaffnung.

A. Bekleidung.

1. Offiziere.

Die Offiziere tragen nach Schnitt und Farbe im Allgemeinen die gleiche Uniform wie die Mannschaften ihrer Truppentheile. Es dürfte daher unter Hinweis auf die nachfolgende Uebersicht über die Bekleidung der Mannschaften genügen, hier nur die besonderen Abzeichen der Offiziere anzuführen:

a) Epauletten mit einem aus mehreren goldenen oder silbernen Schnüren gebildeten Mond; diejenigen der Stabsoffiziere und Generale haben Franzen, welche bei letzteren die doppelte Stärke haben.

b) Achselstücke von Tuch, mit silbernen oder goldenen Tressen besetzt. Die Achselstücke der Oberoffiziere und Stabsoffiziere sind durch einen bezw. zwei farbige Tuchstreifen kenntlich, während diejenigen der Generale ganz mit einer breiten Tresse benäht sind.

Die Offiziere tragen auf den Epauletten und Achselstücken dieselben Truppenzeichen: Nummer bezw. Namenszüge, wie die Mannschaften auf den Schulterklappen. Die einzelnen Rangstufen sind dadurch kenntlich gemacht, daß auf den Epauletten und Achselstücken

zwei Sterne von den Secondlieutenants und Generalmajors,
drei Sterne von den Premierlieutenants, Oberstlieutenants und Generallieutenants,
vier Sterne von Stabshauptleuten u. s. w.,
kein Stern von Hauptleuten, Obersten und Generalen

getragen werden.

c) Silber-orange-schwarze Portepees,
d) silberne Schärpen ohne Quasten,
e) Achselbänder an der rechten Schulter für Adjutanten und Generalstabsoffiziere.

2. Mannschaften.

Außer den in nachfolgender Uebersicht aufgeführten Bekleidungsstücken haben sämmtliche Truppen:

a) „Schaplas" (bei den Kasaken: Papachos), d. h. Pelzmützen von schwarzem Lammfell mit Cocarde und Reichsadler bezw. Andreasstern. Dieselben werden von den Truppen des stehenden Heeres, ausgenommen die Cürassiere, Ulanen und Husaren der Garde und die in Ostsibirien stehenden Truppen, im Frieden getragen, ins Feld aber nicht mitgenommen.

b) Baschlyks von cameelgarnem Tuch,

c) hohe Kniestiefel,

d) farbige Leibbinden (Kuschaks) für die Feldwebel der Fußtruppen und sämmtliche Mannschaften der berittenen Waffen außer den Kuban- und Terek-Kasaken,

e) Halsbinden von schwarzem Tuch,

f) Tuchhandschuhe.

Als Grababzeichen tragen die Unteroffiziere Tressen an den Kragen und Aufschlägen des Waffenrockes, einen Knopf auf dem Spiegel des Mantels und eine Tresse bezw. drei oder zwei Borten (Feldwebel, älterer, jüngerer Unteroffizier) quer über die Schulterklappen.

Die Schulterklappen der Freiwilligen sind mit einer weiß-orange-schwarzen Schnur, die der Junker mit einer Tresse eingefaßt. Bezüglich Abzeichen der Capitulanten vergl. Seite 13.

Uebersicht über die Bekleidung der Mannschaften.
(Siehe Tabelle Seite 80 bis 89.)

B. Ausrüstung.

1. Gepäck.

Das 1882 eingeführte Gepäck ist 1889 wieder abgeschafft worden. An die Stelle desselben tritt für die Grenadier- und Armee-Infanterie eine neue Ausrüstung M/1889, für die Garde-Infanterie, Feld-Artillerie und die Ingenieur-Truppen das Tornister-Gepäck M/1874, welches bis 1882 in Gebrauch war. Die Ausrüstung M/1889 unterscheidet sich von derjenigen M/1882 hauptsächlich durch den Fortfall des Zwiebacksacks und die dadurch bedingte andere Trageweise des Gepäcks.

a. Infanterie (ohne Garde).

Zur Infanterie-Ausrüstung gehören:

Leibriemen mit 2 Patrontaschen zu je 30 Patronen, an demselben rechts im Futteral 1 Feldspaten oder Beil. Ueber der rechten Schulter: Gepäcksack, an der linken Hüfte hinten, durch eine Klappe mit dem Leibriemen verbunden, und Feldflasche. Ueber der linken Schulter: gerollter Mantel, um welchen die Zeltbahn ($1/6$ eines Zeltes für 6 Mann) gewickelt ist; auf die zusammengebundenen Enden desselben, die nach unten getragen werden, wird das Kochgeschirr gesteckt. Auf den hinteren Theil des gerollten Mantels bezw. der Zeltbahn wird mittelst eines besonderen Riemens $1/2$ Zeltstange, 1 bis

Linien-Infanterist. Armee-Dragoner.

Die 4 Regimenter einer (der 3ten) Linien-Infanterie-Division.
Infant.-Regt. No. 9.   Infant.-Regt. No. 10.   Infant.-Regt. No. 11.   Infant.-Regt. No. 12.

Garde-Infanterist. Schütze Artillerist. Don-Kasak.
Leibgarde-Regt. Paul. Bataillon No. 3. (6te Batterie d. 3ten (Regt. No. 1.)
(3tes Regt. d. 2ten Garde-Inf-Div.) Artill.-Brigade.

2 Häringspfählchen, 1 Zeltstrick und 1 Tasche mit 1 Paar Reserve=
stiefel befestigt. Der Baschlyk wird vorn um den unteren Theil des gerollten
Mantels gewickelt. Im Gepäcksack sind verpackt: 2 Säckchen mit je 1,023 =
2,046 kg Zwieback,*) 2 Hemden, 1 Unterhose, 1 Handtuch, 2 Paar Fußlappen,
Gewehrzubehör, Näh= und Putzzeug, 1 Paar Fausthandschuhe, 1 Beutel mit
51 g Salz, 1 Trinkbecher, endlich in der Tasche des Gepäckackes 24 Patronen.

b. Garde-Infanterie, Feld-Artillerie, Ingenieur-Truppen.

Leibriemen mit 2 Patrontaschen, an demselben links im Futteral
1 Feldspaten oder 1 Beil.

Ueber der linken Schulter: gerollter Mantel mit Zeltausrüstung und
Kochgeschirr, in letzterem 0,818 kg Zwieback.

Tornister aus wasserdichtem Segeltuch, in demselben 2 Hemden, 1 Hals=
binde (Garde), 1 Paar Fausthandschuhe, 1 Unterhose, 1,636 kg Zwieback,
51 g Salz, 1 Trinkbecher, 1 Handtuch, Gewehrzubehör, Putz= und Nähzeug,
2 Paar Fußlappen, 1 Baschlyk unter der Klappe.

An den Seiten des Tornisters wird je 1 Stiefeltasche mit 1 Stiefel
befestigt.

c. Cavallerie und reitende Artillerie.

Die vom Reiter getragene Ausrüstung umfaßt:

Das über die rechte Schulter laufende Wehrgehäng zum Tragen des
Säbels, den Leibriemen mit 2 Patrontaschen zu je 18 Patronen bezw.
mit Revolvertasche, welche auch eine Patrontasche für 6 Patronen enthält;

die Revolverschnur, welche, am Kolbenring des Revolvers befestigt, um
den Hals getragen wird;

den Halsriemen zur Befestigung des Sitzes der Patrontaschen am Leib=
riemen, den Faustriemen am Säbelgriff und 1 Paar Anschnallsporen.

Die Zusammensetzung und Vertheilung des vom Pferde getragenen Gepäcks
ist folgende:

Das Vordergepäck besteht aus 2 Satteltaschen, in denen ein etwa
12 Liter fassender, vor dem Vorderzwiesel über den Filzdeckenüberzug gelegter
Hafersack mit seinen beiden Enden ruht; Mantel, Baschlyk, Piketpfahl, Schanzzeug,
d. h. kleiner Spaten oder Beil, von denen die Escadron je 20 mitführt. Das
Schanzzeug wurde früher vom Reiter umgehängt getragen; jetzt trägt er es nur,
wenn er abgesessen ist: den Spaten am Leibriemen mittelst der am Futteral
desselben befindlichen Riemen, das Beil hinter dem Leibriemen, wohin es ohne
Futteral gesteckt wird. (Ueber das Schanzzeug der reitenden Batterie vergl. die
Uebersicht auf S. 91).

Zum Hintergepäck gehören: 2 Quersäcke, Pferdedecke mit Deckengurt,
kupferner Kochkessel, Tränkeimer. Im rechten Quersack befinden sich: 1 Fouragir=
leine, 3 Bürsten, 1 Hemd, 1 Paar Unterhosen, 1 Paar Stiefel, Fußlappen,
1 Heunetz, 1 Stallhalfter, 2 Hufeisen mit 16 Nägeln, 1 Striegel. Der linke
Quersack nimmt auf: 1 Sack mit 1,2 kg Zwieback; Verbandzeug; 4 in Flicktuch
eingewickelte Säckchen: mit Grütze (0,275—0,344 kg), Salz (0,05 kg), Thee
und Zucker (0,037 kg), sowie mit Gewehrzubehör; in Flickleinen eingewickelt:
1 Handtuch, Seife, Nähzeug, Kamm; Fesseln für die Füße der Pferde; 2 Freß=
beutel, 1 Kardätsche.

---

*) 0,409 kg des breitägigen von den Mannschaften zu tragenden Zwiebackvorrathes
von 2,457 kg werden im Regimentstrain fortgeschafft.

Uebersicht über die

Truppengattung			Feldmütze			Waffen-
			Tuch	Besatz	Vorstoß	Farbe
1. Infanterie	a) Garde-Divisionen		dunkelgrün ohne Cocarde	roth, hellblau, weiß, dunkelgrün nach der Nummer mit Cocarde (1. Regt. der 3. Div. [Litthauen] gelb)	Deckel: 1., 2. Div. roth, 3. Div. gelb. Besatz: 2.,*) 3., 4., 6., 7., 8. Regt. roth; 10., 11., 12. gelb; 1., 5., 9. fehlt	dunkelgrün mit Vorstoß an linker Klappe: weiß (1. Div.), roth (2. Div.), gelb (3. Div.)
	b) Grenadier-Divisionen		dunkelgrün mit Cocarde	roth, hellblau, weiß, dunkelgrün nach der Nummer; Regimentsnummer und Γ, bei 1., 12., 13. Gr. Regt. eine Krone	roth an Deckel und Besatz (Gr. Regt. 1, 5, 9, 13 nur am Deckel)	dunkelgrün
	c) Armee-Division	1. Regt. 5. " 9. " u. s. w.	dunkelgrün mit Cocarde	roth mit Regts.-Nummer (Regt. 145 statt Nummer Krone)	roth an Besatz und Deckel (Regt. 1 weiß am Besatz)	dunkelgrün (Regt. 1 weiß. Vorstoß an linker Klappe)
		2. Regt. 6. " 10. " u. s. w.	dunkelgrün mit Cocarde	hellblau mit Regts.-Nummer (Regt. 2 statt Nummer Krone)	roth an Besatz und Deckel (Regt. 2 weiß am Besatz)	dunkelgrün (Regt. 2 weiß. Vorstoß an linker Klappe)
		3. Regt. 7. " 11. "	dunkelgrün mit Cocarde	weiß mit Regts.-Nummer	roth an Besatz und Deckel	dunkelgrün
		4. Regt. 8. " 12. "	dunkelgrün mit Cocarde	dunkelgrün mit Regts.-Nummer. (Regt. 68, 80 statt Nummer Krone)	roth an Besatz und Deckel	dunkelgrün
	d) Reserve-Infanterie α) im Frieden		dunkelgrün mit Cocarde. (Cadre Bt. d. Leib-Garde Res. Regts. ohne Cocarde)	Der Nummer nach: roth, hellblau, weiß, dunkelgrün mit Bats.-bezw.Regts. Nr. und P; die Kauf. Res. Bat. bezw. Res. Regt. mit Bats. Nr. bezw. Chiffre und K. P.; die nach Gouvernements benannten Bataillone mit Chiffre und P. (Cadre-Bat. d. L. G. Res. Regts. roth mit Cocarde.)	roth an Deckel und Besatz.	dunkelgrün

*) Die Garde-Infanterie-Regimenter haben keine Nummern, sind aber hier nach ihrer Reihenfolge

Bekleidung der Mannschaften.

	Rock				Hosen	Mantel
Achselklappen	Aufschläge	Kragen	Kragenspiegel			
roth, Regt. 10 und 11 gelb mit Chiffre	1., 2., 3., 5., 6., 7. Regt. roth, 9., 10., 11. gelb, 4., 8., 12. grün. Vorstoß: 1., 2., 3. weiß. 4., 8. roth, 12. gelb. Rothe Spiegel (1. Div. mit weiß. Vorstoß) mit Querlitzen, bei 3. Div. gelbe Spiegel	roth, hellblau, bunkelgrün, bunkelgrün nach der Nummer (Regt. Litthauen gelb) Vorstoß: 2, 3, 4, 6, 7, 8 roth, 9 grün, 10, 11, 12 gelb, 1, 5 ohne Vorstoß	Garbelitzen gelb (Regt. 10, 11 weiß)		bunkelgrün mit Biesen	grau mit Kragen-Spiegeln von der Farbe des Mützenbesatz. Spiegelvorstoß: 1., 6.—9. fehlt, 2.—4. roth, 10.—12. Regt. gelb; Achselklappen wie am Waffenrock.
gelb mit Vorstoß: roth (1. Div.), hellblau (2. Div.), weiß (3. Div.); alle Regt. haben Chiffren	bunkelgrün	bunkelgrün mit rothem Vorstoß am oberen Rand	roth, hellblau, weiß, bunkelgrün nach der Nummer. Regt. 1, 12—16 haben Litzen		bunkelgrün	grau mit Kragen-Spiegeln und Achselklappen wie am Waffenrock.
roth	bunkelgrün	bunkelgrün mit roth. Vorstoß (Regt. 1 weiß. Vorstoß) am oberen Rand	roth		bunkelgrün	
roth	mit der Divisionsnummer; die Regimenter 1, 2, 4, 5, 6, 39, 50, 67, 68, 85, 86, 145 haben statt der Divisionsnummer Chiffren auf den Achselklappen	bunkelgrün	bunkelgrün mit roth. Vorstoß (Regt. 2 weiß. Vorstoß) am oberen Rand	hellblau	Die Regt. 2, 68, 80, 145 haben Litzen.	bunkelgrün	grau mit Kragen-Spiegeln und Achselklappen wie am Waffenrock.
blau		bunkelgrün	bunkelgrün mit roth. Vorstoß am oberen Rand	weiß		bunkelgrün	
blau		bunkelgrün (Regt. 80 hat Litzen)	bunkelgrün mit roth. Vorstoß am oberen Rand	bunkelgrün		bunkelgrün	
roth, hellblau mit Bats.- bezw. Regts. Nr. und P; die Kauk. Res. Bat. bezw. Res. Regt. mit Bats. Nr., bezw. Chiffre und K. P.; die nach Gouvernements benannten Bat. mit Chiffre und P. (K. B. d. L. G. R. R. roth)	bunkelgrün (K. B. d. L. G. R. R. roth mit rothem Spiegel und Querlitzen)	bunkelgrün mit roth. Vorstoß (K. B. d. L. G. R. R. roth mit bunkelgrün. Vorstoß)	K. B. d. L. G. R. R. Garbelitzen		bunkelgrün (Garbe mit Biesen)	grau mit Kragen-Spiegeln und Achselklappen wie am Waffenrock.

in den Divisionen numerirt.

Truppengattung	Feldmütze			Waffen-
	Tuch	Besatz	Vorstoß	Farbe
1. Infanterie. d) Reserve-Infanterie β) im Kriege	dunkelgrün mit Cocarde (Leib-Garde-Res. Regt. ohne Cocarde)	wie im Frieden: selbständige Bataillone mit Bats.-Nr. und P; Regt. mit Regts.-Nr. bezw. Chiffre (Kauk. R.); Regtr. Archangelsk u. Krasnojarsk mit Chiffre und P. (L.G.R.R. roth mit Cocarde)	roth an Deckel und Besatz	dunkelgrün
e) Festungs-Infanterie	dunkelgrün mit Cocarde	dunkelgrün mit Chiffre der Festung und Nummer, wenn mehrere Bat. in derselben Festung	roth an Deckel und Besatz	dunkelgrün
f) Linien-Bataillone	dunkelgrün mit Cocarde	roth mit Bats.-Nr. und Chiffre T (Turkestan), 3. C (West-), B. C (Ost-Sibirien)	roth an Besatz und Deckel	dunkelgrün
g) Local-Infanterie	dunkelgrün mit Cocarde	dunkelgrün mit M	roth an Besatz und Deckel	dunkelgrün
h) Convoi-Wache	schwarz mit Cocarde	schwarz	hellblau an Besatz und Deckel	dunkelgrün
i) Schützen — Garde ohne 3. B. (Finnisches)	dunkelgrün ohne Cocarde	dunkelgrün mit Cocarde	carmoisin an Besatz und Deckel	dunkelgrün, Vorstoß an linker Klappe carmoisin
i) Schützen — Armee*)	dunkelgrün mit Cocarde	dunkelgrün mit Nummer (16. Regt. mit Krone)	carmoisin an Besatz und Deckel	dunkelgrün
k) Train — alle Bat. im Frieden u. 6 im Kriege	grau mit Cocarde	hellblau mit Nummer und 06. Б.	hellblau am Deckel	grau
k) Train — 12 Bat. im Kriege	dunkelgrün mit Cocarde	hellblau mit Nummer und 06. Б.	hellroth an Besatz und Deckel	dunkelgrün

*) Die Kaukasischen, Turkestanischen, Transkaspischen, Ostsibirischen und Finnischen Schützen-Bataillone haben diese Bataillone auf Achselklappen und Mützenbesatz die Nummer und K, T, 3. K, B. C; die bie Chiffre des Großfürsten Michael Nikolajewitsch.

— 83 —

	Rock			Hosen	Mantel
Achselklappen	Aufschläge	Kragen	Kragenspiegel		
roth, hellblau, selbständige Bat. wie im Frieden; Regtr. mit Regts.-Nr. und Div. Nummer; Kauk. Regtr. mit Regts.-Nr bezw. Chiffre und Div.-Nr.; Regtr. Archangelsk und Krasnojarsk mit Chiffre und P. (L. G. R. R. roth)	dunkelgrün (L. G. R. R. roth mit rothem Spiegel und Querlitzen)	dunkelgrün mit rothem Vorstoß (L. G. R. R. roth mit dunkelgrünem Vorstoß) am oberen Rand	L. G. R. R. Gardelitzen	dunkelgrün (Garde mit Biesen)	grau mit Kragen-Spiegeln und Achsel-klappen wie am Waffenrock.
dunkelgrün mit rothem Vorstoß. Chiffre wie auf Mützenbesatz	dunkelgrün	dunkelgrün mit rothem Vorstoß am oberen Rand		dunkelgrün	grau, Kragen-Spiegel: dunkelgrün m. roth. Vorstoß; Achselklappen wie am Rock.
hellblau mit Chiffre wie auf Mützenbesatz	dunkelgrün	dunkelgrün mit rothem Vorstoß am oberen Rand	roth	dunkelgrün	grau mit Kragen-Spiegeln und Achselklappen wie am Waffenrock.
grün mit rothem Vorstoß	dunkelgrün	dunkelgrün		dunkelgrün	Kragen-Spiegel: grün ohne Vorstoß. Achselklappen wie am Waffenrock.
dunkelgrün mit hellblauem Vorstoß	dunkelgrün	dunkelgrün mit hellblauem Vorstoß am oberen Rand		dunkelgrün	grau, Kragen-spiegel: dunkel-grün mit hellbl. Vorstoß. Achselklappen wie am Rock.
carmoisin	dunkelgrün mit carmoisin Vorstoß; Querlitzen	dunkelgrün mit carmoisin Vorstoß am oberen Rand	Gardelitzen	dunkelgrün mit Biesen (4. Bat. ohne)	grau, Kragen-Spiegel: dunkelgrün mit carmoisin Vorstoß beim 1., 2.B.; 4. B. ohne Vorstoß. Achselklappen wie am Waffenrock.
carmoisin mit Nummer (Regt. 15 und 16 Namens-zug und Nummer)	dunkelgrün	dunkelgrün mit carmoisin Vorstoß am oberen Rand		dunkelgrün	grau, Kragen-Spiegel: dunkelgrün. Achselklappen wie am Waffenrock.
hellblau mit Nummer und O6.	hellblau	hellblau mit grauem Vorstoß am oberen Rand		grau	grau, Kragen-Spiegel: hellblau.
hellblau mit Nummer und O6.	dunkelgrün	dunkelgrün mit hell-blauem Vorstoß am oberen Rand.		dunkelgrün	Achselklappen wie am Waffenrock.

Bataillone haben dieselben Uniformen, doch haben die letzteren keine Feldmützen, sondern eine Pelzmütze. Finnischen Schützen haben blaue Achselklappen. Das 1. Kaukasische Schützen-Bataillon trägt auf Achselklappe

6*

Truppengattung		Feldmütze			Waffen-
		Tuch	Besatz	Vorstoß	Farbe
2. Cavallerie. a) Garde-Cavallerie	Kürassiere	weiß ohne Cocarde	roth, gelb, blau mit Cocarde	am Deckel nach Farbe des Besatzes	dunkelgrün (m. einer Reihe Knöpfe); bei Parade weiß
	Ulanen	dunkelblau ohne Cocarde	roth, gelb mit Cocarde	roth am Deckel	dunkelblaue Ulanka
	Husaren	roth, grün ohne Cocarde	roth, carmoisin mit Cocarde	gelb, weiß an Deckel und Besatz	rother bezw. grüner Attila m. gelben bezw. weißen Schnüren
	Dragoner	dunkelgrün ohne Cocarde	roth mit Cocarde	grün an Besatz und Deckel	dunkelgrün
b) Armee-Dragoner		dunkelgrün ohne Cocarde	verschiebenfarbig mit Cocarde (roth, krapproth, rosa, orange, hellblau, blau, weiß, lila, zimmetfarben, gelb)	am Besatz: dunkelgrün, am Deckel: nach Farbe des Besatzes (Regt. 36 am Besatz: zimmetfarben)	dunkelgrün. (Regt. 36 zimmetfarben)
c) Kasaken	Don einschl. reit. Art.	dunkelblau ohne Cocarde. Garde: roth bezw. hellblau; Artillerie: dunkelgrün	roth mit Cocarde; Garde: blau; Artillerie: schwarz	roth am Deckel; Garde: dunkelblau; Artillerie: roth an Deckel und Besatz	dunkelblau. Art.: dunkelgrün mit roth. Vorstoß
	Ural	dunkelblau ohne Cocarde	carmoisin mit Cocarde	carmoisin am Deckel	dunkelblaue Tatarka

— 85 —

Achselklappen	Aufschläge	r o c k Kragen	Kragenspiegel	Hosen	Mantel
dunkelgrün mit Vorstoß wie Mützenrand	dunkelgrün mit Vorstoß von der Farbe des Mützenbesatzes			graublau mit Biesen	grau, Kragen-Spiegel und Achselklappen (weißer Vorstoß) wie Mützenbesatz.
roth	roth mit einer Litze	roth	Garbelitzen	graublau mit Biesen	grau, Kragen-Spiegel: roth, gelb mit blauem Vorstoß. Achselkl. roth.
	Kragen und Aermel mit gelber Litze eingefaßt			dunkel-blau, carmoisin	grau, Kragen-Spiegel: roth, grün (mit carmois. Vorstoß) Achselklappen roth, carmoisin
roth: grüner Vorstoß	roth mit Litzen	roth, Vorstoß dunkelgrün	Garbelitzen	graublau mit Biesen	grau, Kragen-Spiegel: roth mit dunkelgrün. Vorstoß. Achselklappen wie am Waffenrock.
von der Farbe des Mützenbesatzes mit der Regimentsnummer	dunkelgrün mit Vorstoß von der Farbe des Mützenbesatzes	verschiedenfarbig mit Vorstoß	Spiegel in der Farbe des Kragenvorstoßes, Regt.: 1., 4., 5., 6., 8., 32., 46. weiße Borte, 44., 45. Treffen am Kragen. (37. Dragoner schwarzer Spiegel)	graublau	grau, Kragen-Spiegel: verschiedenfarbig. Achselklappen wie am Waffenrock.
dunkelblau (bei der Garde roth, bezw. hellblau) mit rothem Vorstoß und Regts.-Nummer. Artillerie: roth, mit Nummer der Batterie und Д	dunkelblau mit rothem Vorstoß. (Garde: Litzen. Artillerie: schwarz mit rothem Vorstoß)	dunkelblau mit rothem Vorstoß am oberen Rand. Artillerie: schwarz mit rothem Vorstoß oben und unten	(Garde: Litzen)	dunkelblau mit breiten rothen Streifen (Art. grün mit breiten rothen Streifen)	grau, Kragen-Spiegel: roth, (beim L. G. Ataman-Regt. hellblau) Achselklappen wie am Waffenrock. Artillerie: Kragen und schwarzer Spiegel mit rothem Vorstoß.
carmoisin mit Nummer	dunkelblau mit carmoisin Vorstoß	dunkelblau mit carmoisin Vorstoß		dunkelblau mit breiten carmoisin Streifen.	grau, Kragen-Spiegel, Achselklappen: carmoisin.

Truppengattung			Feldmütze			Waffen-
			Tuch	Besatz	Vorstoß	Farbe
2. Cavallerie.	c) Kasaken	Orenburg (Artillerie wie Don-Art.)	schwarzgrün ohne Cocarde	hellblau mit Cocarde	am Deckel hellblau	schwarzgrün
		Astrachan	dunkelblau ohne Cocarde	gelb mit Cocarde	am Deckel gelb	dunkelblau
		Transbaikal (Artillerie wie Don-Art.);	dunkelgrün ohne Cocarde	gelb mit Cocarde	am Deckel gelb	dunkelgrün
		Ussuri	″	″	″	″
		Sibirische	dunkelgrün ohne Cocarde	roth mit Cocarde	am Deckel roth	dunkelgrün
		Ssemiretschensk	dunkelgrün ohne Cocarde	carmoisin mit Cocarde	am Deckel carmoisin	dunkelgrün
		Amur	dunkelgrün ohne Cocarde	dunkelgrün mit Cocarde	am Deckel und Besatz gelb	dunkelgrün
		Kuban (einschl. Schützen und Artillerie)	schwarzgrau ohne Cocarde	roth (Schützen und Artillerie: schwarzgrau)	roth (Schützen: carmoisin. Art.: roth)	schwarzgraue Tscherkeska m. carmoisin Vorstoß. (Art.: roth. Vorstoß)
		Terek (einschl. Art.)	schwarzgrau ohne Cocarde	blau	am Deckel blau	schwarzgraue Tscherkeska (Artillerie
3. Artillerie.	a) Feld-, Reserve- und Ersatz-Artillerie		dunkelgrün mit Cocarde (Garde und selbständige Ersatz-Batt. ohne Cocarde)	schwarz; bei Grenadier- und Armeebatterien mit Batterienummer; Gebirgs-Batterien in Kiew außerdem Top. (Garde und selbständige Ersatz-Batter. mit Cocarde)	am Deckel und Besatz roth	dunkelgrün (Garde: roth, Vorstoß an linker Klappe)

		rock		Hosen	Mantel
Achselklappen	Aufschläge	Kragen	Kragenspiegel		
hellblau mit Nummer (Artillerie: roth mit O)	schwarzgrün mit hellblauem Vorstoß			schwarzgrün mit breiten hellblauen Streifen	grau, Kragen-Spiegel und Achselklappen: hellblau.
gelb mit Nummer	dunkelblau mit gelbem Vorstoß			dunkelblau mit breiten gelben Streifen	grau, Kragen-Spiegel und Achselklappen: gelb.
gelb mit Nummer und Chiffre 3 (Art.: roth mit 3);	dunkelgrün mit gelbem Vorstoß			dunkelgrün mit breiten gelben Streifen	grau, Kragen-Spiegel und Achselklappen: gelb.
gelb mit dunkelgrünem Vorstoß und Y	"			"	"
roth mit Nummer	dunkelgrün mit rothem Vorstoß			dunkelgrün mit breiten rothen Streifen	grau, Kragen-Spiegel und Achselklappen: roth.
carmoisin mit Nummer	dunkelgrün mit carmoisin Vorstoß			dunkelgrün mit breiten carmoisin Streifen	grau, Kragen-Spiegel und Achselklappen: carmoisin.
dunkelgrün mit gelbem Vorstoß, Nummer und Chiffre A	dunkelgrün mit gelbem Vorstoß			dunkelgrün mit breiten gelben Streifen	grau, Kragen-Spiegel: gelb; Achselklappen: dunkelgrün mit gelbem Vorstoß.
roth mit Anfangsbuchstaben der Regimenter (Schützen: carmoisin mit Bataillons-nummer; Artillerie: roth mit Nummer und K)	rothes Hemd (Beschmet) mit Stehkragen (Schützen: schwarzgraues Hemd mit carmoisin Vorstoß, Artillerie: schwarzgraues Hemd mit rothem Vorstoß)			schwarz-grau	Burka aus braunem Filz.
blau mit Anfangsbuchstaben der Regimenter wie Kuban-Artillerie, auf Achselklappen ein 𝔐)	blaues Hemd (Beschmet) mit Stehkragen			schwarz-grau	Burka aus braunem Filz.
roth mit Nummer der Brigade (Garde ohne Nummer). Gren.-Batt. außerdem Γ. Kauk. Gren.-Brigade trägt eine Chiffre; die Asiatischen ein T. BC. 3C. Geb.-Batt. in Kiew Nummer und Γop; Reserve-Batterien nur ein P, nach der Mobil-machung die Nummer der neuen Brigaden. Mörser-batterien haben Regiments-nummer und Mp auf den Achselklappen. Selbständige Erf. Batt. ohne Chiffre.	schwarz mit rothem Vorstoß (Garde: mit rothen Spiegeln und Litzen)	schwarz mit rothem Vorstoß oben und unten	Garde hat Litzen. Die 1., 2., 4., 5. Batterie der Kauk. Gren.-Art.-Brigade, die 1. Batterie der 5., die 1. Batterie der 12. Brigade, die 2. Batterie der 21.Brigade haben zwei Georgslitzen	dunkelgrün (Garde mit Biesen)	grau, Mantel-kragen mit roth. Vorstoß, schwarzer Spiegel mit roth. Vorstoß (bei 2. Garde-Brigade Spiegel ohne Vorstoß).

| Truppengattung | Feldmütze ||| Waffen- |
	Tuch	Besatz	Vorstoß	Farbe
3. Artillerie. b) Reitende Artillerie	dunkelgrün mit Cocarde (Garde ohne Cocarde)	dunkelgrün mit Nummer der Batterie (Garde mit Cocarde, ohne Nummer)	an Deckel und Besatz roth	dunkelgrün (Garde mit rothem Vorstoß an linker Klappe)
c) Festungs-Artillerie und Ausfall-Batterien	dunkelgrün mit Cocarde	schwarz mit Anfangsbuchstaben der Festung (Local-Artillerie M. A.)	an Besatz und Deckel roth	dunkelgrün
d) Artillerie-Parks	dunkelgrün mit Cocarde	schwarz mit Nummer und Bezeichnung des Parks, z. B. fliegender Park J. II. beweglicher Park II. II. Local-Park M. II.	an Besatz und Deckel roth	wie
4. Ingenieure	dunkelgrün mit Cocarde (Garde ohne Cocarde)	schwarz (Garde mit Cocarde) oder grün mit Nummer und Chiffre, z. B. 1.Sappeur-Bat.: 1.C. 1.Pontonn.-Bat.: 1.II. 4.Eisenbahn-Bat.: 4.Ж. 4.Torpedo-Comp.: 4.M. 5.Feld.-Ing.-Park: 5.И.II. 1.Ing.-Bel.-Park: 1.O.II. 5.Telegraphen-Park: 5.T.II.	an Besatz und Deckel roth	dunkelgrün (Garde rothen Vorstoß an linker Klappe)
5. Grenzwache	dunkelgrün	dunkelgrün	hellgrün	dunkelgrün mit zwei Reihen gelber Knöpfe

Die Feldwebel der Fußtruppen und sämmtliche Mannschaften der berittenen Waffen, außer den Truppe entspricht.

	roď			Hosen	Mantel
Achselklappen	Aufschläge	Kragen	Kragenspiegel		
roth mit Batterienummer (Garbe ohne Nummer)	dunkelgrün mit roth. Vorstoß. (Garbe: Litzen)	dunkelgrün mit roth. Vorstoß oben und unten	Garbe hat Litzen	graublau (Garbe mit Biesen)	grau, Kragen-Spiegel: dunkelgrün m. roth. Vorstoß. Achselklappen wie am Waffenrock.
dunkelgrün mit roth. Vorstoß. Chiffre wie auf Mützenrand. (Ausfall-Batt. Chiffre des Militär-Bezirks; Local-Art. schwarz mit rothem Vorstoß)	schwarz mit rothem Vorstoß	schwarz mit rothem Vorstoß oben und unten		dunkel-grün	wie Feld-Artillerie.
die Feld-Artillerie-Brigaden					
roth mit Nummer und Bezeichnung, wie auf Mützenrand	Garbe: Litzen		Garbe: eine Litze von weiß. Borte	dunkel-grün (Garbe mit Biesen)	wie Feld-Artillerie.
roth mit Chiffren, z. B. Armee-Sapp. B.: Bats. Nr. Garbe - ohne Pren. - - T 2. Kauk. - 2. K 3. Pont. B.: 1. K 6. F. Ing. P.: 5. K 4. J. Bel. P.: 1. T L. Eif. B.: 4. W L. Torp. R.: 4. M	grün (Garbe: schwarz, rother Vorstoß mit Litzen)	schwarz, rother Vorstoß oben und unten	Garbe und 1. Kaukasisches Sappeur-Bat. haben Litzen	dunkel-grün (Garbe mit Biesen)	grau, Kragen mit rothem Vorstoß; Kragen-Spiegel: schwarz, bezw. dunkelgrün mit rothem Vorstoß. Achselklappen wie am Waffenrock.
hellgrün		dunkelgrün	hellgrün	graublau mit grün. Biesen	grau.

uban- und Terek-Kasaken, tragen eine Leibbinde, deren Farbe den andern farbigen Abzeichen der betreffenden

2. Munition.

Nachstehende Uebersichten erläutern die für jedes Gewehr und Geschütz mitgeführte Munition:

a. Gewehr-Munition.

Truppenverbände	In den Taschen und im Gepäck	In den Patronen-Karren	In den fliegenden Artillerie-Parks	In den beweglichen Artillerie-Parks	In den Local-Artillerie-Parks	Summe	Bemerkungen
Armee-Corps { Infanterie	84	12+36=48 1St. 2St.	53,3	11,5	164,5	361,3	Für Ingenieure ist keine besondere Munition in den Parks ausgeworfen. Dieselben kürzen mithin beim Empfang aus den Parks die Schußzahl der Infanterie- u. s. w. Gewehre. Nur die Armee-Schützen-Brigaden haben je einen fliegenden Art.-Park.
Armee-Corps { Cavallerie	36	36				301,3	
Reserve-Divisionen I. Ordn.	84	48	—	49,2	172,4	353,6	
Reserve-Divisionen II. Ordn.	84	48	—	24,6	172,4	328,6	
Schützen-Brigaden	84	48	53,3	—	—	185,3	
Sappeur-Brigaden	40	10	—	—	—	50	

Die Patronen, welche für den Kriegsfall vorräthig gehalten werden, befinden sich im gefetteten Zustande.

b. Artillerie-Munition.
(Siehe Tabelle Seite 92.)

3. Handwerks-, Schanzzeug, Sprengstoffe.

a) Alle Truppentheile sind mit Handwerkszeug zu Schmiede-, Hufschmiede-, Schlosser-, Zimmermanns-, Schneider- und Büchsenmacher-Arbeiten versehen. Die Cavallerie ist außerdem mit dem nöthigen Werkzeug zum Zerstören von Eisenbahnen und Telegraphenleitungen ausgerüstet.

b) Ueber die Ausrüstung der Truppentheile mit Schanzzeug giebt nachstehende Uebersicht Auskunft:

Truppentheil	Art der Mitführung	Kleine Spaten	Beile	Große Spaten	Aexte	Spitzhacken	Hacken	Kreuzhacken	Brechstangen	Bemerkungen
Infanterie-Regiment	getragen	1280	320	—	—	48	48	—	—	Die selbständigen Bataillone: Schützen u. s. w. sind entsprechend ausgerüstet.
	gefahren	—	128	256	—	—	—	—	16	
	Summe	1280	448	256	—	48	48	—	16	
Infanterie-Divisions-Train		—	512	1024	—	192	192	—	64	f. S. 35.

Truppentheil	Art der Mitführung	Kleine Spaten	Beile	Große Spaten	Aexte	Spitzhacken	Hacken	Kreuzhacken	Dreßstangen	Bemerkungen
Dragoner-Regiment	getragen	120	120	—	—	—	—	—	—	Das tragbare Schanzzeug wird nur von der abgesessenen Mannschaft getragen. Die Kasaken-Regimenter sind mit gleichem Schanzzeug versehen.
	gefahren	—	24	24	—	—	—	—	—	
	Summe	120	144	24	—	—	—	—	—	
Fahrende Batterie	gefahren	—	—	32	24	4	4	—	2	f. S. 25.
Reitende Batterie	gefahren	—	—	32	18	4	4	—	2	f. S. 27.
Gebirgs-Batterie	gefahren	—	—	16	16	16	16	—	4	f. S. 25.
Sappeur-Compagnie	getragen	—	70	100	—	10	20	—	—	f. S. 28.
	gefahren	—	24	40	16	5	5	8	2	
	Summe	—	94	140	16	15	25	8	2	
Pontonnier-Bataillon	getragen	—	70	126	—	10	20	—	—	f. S. 29.
	gefahren	—	20	40	20	8	16	16	8	
	Summe	—	90	166	20	18	36	16	8	
Eisenbahnbau-Compagnie	getragen	—	—	38	50	15	—	—	—	f. S. 29.
	gefahren	—	80	520	50	80	—	—	140	
	Summe	—	80	558	100	95	—	—	140	
Feld-Ingenieur-Park	gefahren	—	600	6000	460	360	360	240	120	f. S. 42.
Fliegender Artillerie-Park mit Patronen	gefahren	—	8	16	—	4	4	—	1	f. S. 37.
Fliegender Artillerie-Park mit Artillerie-Munition	gefahren	—	16	32	—	8	8	—	2	f. S. 37.
Kriegstransport	gefahren	—	20	32	—	8	8	—	2	f. S. 30.

Das vorstehend aufgeführte tragbare Schanzzeug wird noch durch Beile und große Spaten vermehrt, mit denen zu gleichen Theilen sämmtliche Traingemeine ausgerüstet sind.

Die kleinen Spaten sind nach dem Linnemannschen System; als Reserve liegen von denselben bereit: 20 000 Stück in dem Ingenieur-Depot zu Bobruisk, je 15 000 in denen zu Kiew und Dünaburg.

b. Artillerie-Munition.

Truppenverbände	In der Protze			In der ersten Wagenstaffel			In der zweiten Wagenstaffel			In den fliegenden Artillerie-Parks			In den beweglichen Artillerie-Parks			In den Local-Parks			Summe			Schußzahl im Ganzen
	Gr.	Chr.	R.	Gr.	Chr.	R.	Gr.	Chr.	R.	Gr.	Chr.	R.	Gr.	Chr.	R.	Gr.	Chr.	R.	Gr.	Chr.	R.	
Armee-Corps.																						
Schweres Geschütz	7	9	2	9,5	12	1	31,5	33	3	61,5	67,5	6	7,7	8,1	0,7	123,7	123,7	2,5	240,9	253,3	15,2	509,4
Leichtes "	13	15	2	19	20	1	38	40	2	—	—	—	25,8	26,6	1,3	123,7	123,7	2,5	219,0	225,3	10,4	484,3
Cavallerie "	7	10	3	13,5	12,5	1,5	13,5/12,5/1,5 {Dritte Wagenstaffel 27/25/3}			48	50,5	2,5	8,4	—	0,4	106,8	106,8	2,5	223,8	225,7	14,4	468,9
Reserve-Div. I. Ordn.																						
Schweres Geschütz	7	9	2	9,5	12	1	31,5	33	3	—	—	—	50,7	53,3	2,7	123,7	123,7	2,5	244,4	252,0	10,2	506,6
Leichtes "	13	15	2	19	20	1	38	40	2	—	—	—	61,5	67,5	6	123,7	123,7	2,5	238,2	245,2	14,5	492,9
Reserve-Div. II. Ordn.																						
Schweres Geschütz	7	9	2	9,5	12	1	31,5	33	3	—	—	—	30,7	33,7	3	123,7	123,7	2,5	202,4	211,4	11,5	425,3
Leichtes "	13	15	2	19	20	1	38	40	2	—	—	—	25,8	26,6	1,3	123,7	123,7	2,5	219,0	225,3	8,8	453,1

c) An **Sprengstoffen** werden mitgeführt von:

einem **Cavallerie-Regiment** trockene und feuchte Pyroxilin-(Schießwoll-)Patronen im Gesammtgewicht von 57,3 kg. Dieselben werden auf einem zweispännigen Wagen des Regiments-Trains fortgeschafft und im Gebrauchsfalle von den Escadrons auf Packsätteln mitgeführt;

einer **Sappeur-Compagnie** 49,2 kg Gewehrpulver und 246 kg Pyroxilin-Patronen;

einem **Pontonnier-Bataillon** 61,9 kg Pyroxilin-Patronen;

einer **Eisenbahnbau-Compagnie** 49,2 kg Gewehrpulver und 246 kg Pyroxilin-Patronen.

4. Brücken-Material.

Hinsichtlich des Brücken-Materials der Pontonnier-Bataillone siehe S. 29.

Jede Cavallerie-Escadron führt an Werkzeug zum Bau von Brücken und Prahmen 3 Bohrer, 1 Hammer, 1 Meißel, 4 Sägen mit; ferner 6 Paar Lederschläuche zur Erleichterung des Durchschwimmens von Flüssen.

5. Telegraphen-Material.

Jede Cavallerie-Escadron ist mit einem Herschelmannschen Feld-Telegraphen-Apparat ausgerüstet.

Ein Pontonnier-Bataillon ist mit 2 tragbaren Telegraphen-Stationen und 2134 m Kabel-Leitung versehen.

Von den Eisenbahn-Truppen führt eine Bau-Compagnie: 2 Telephon-Stationen, 6 Morse-Apparate, 2854 m Kabel-Leitung, 150 kg verzinkten Draht; eine Betriebs-Compagnie: 4 Morse-Apparate und 82 kg verzinkten Draht mit sich.

Militär-Telegraphen-Parks vergl. S. 42.

6. Lebensmittel und Futter.

Die Ausrüstung der Truppentheile mit Lebensmitteln und Futter im Kriege ergiebt sich aus nachstehender Uebersicht:

Truppentheil	An Tagesportionen und Rationen werden mitgeführt:				
	von den Leuten bezw. Pferden	im Regiments-Train	im Divisions-Train	in den Kriegs-transporten	Zusammen
a) **Mannschaften:**					
Infanterie u. s. w.	3	1	4	4	12
Feld-Artillerie	3	1	4	4	12
Cavallerie	1½	2½	4	4	12
Reitende Artillerie	1½	2½	4	4	12
Ingenieur-Truppen	3	5		4	12
b) **Pferde:**					
Cavallerie	} 2 Hafer	—	—	3 Hafer	5 Hafer, 2 Heu
Artillerie	} 2 Heu	1½ Hafer	—	3 "	6½ " 2 "
Train	—	{3 Hafer / 2 Heu}	—	3 "	6 " 2 "

Zur Erläuterung vorstehender Uebersicht mögen nachstehende Angaben über die Zusammensetzung der mitgeführten Tagesportionen u. s. w. dienen:

a. Infanterie- und Feld-Artillerie.

Zusammensetzung einer Tagesportion.	Art der Fortschaffung.			
	Mannschaften	Regiments-Train	Divisions-Train	Kriegstransport
818 g Zwieback für	3	1	4	4 Tage
7 g Speisesalz "	2	3	4	8 "
21 g Kochsalz "	—	3	4	8 "
137 g Grütze "	—	3	4	4 "
6,4 g Thee "	—	4	10	10 "
12,8 g Zucker "	—	4	10	10 "

Ferner können die von den Mannschaften getragenen Lebensmittel noch vermehrt werden durch gekochtes Rindfleisch für 1—2 Tage (818 g) oder Conserven für 2 Tage (1227 g) und durch eine dreitägige Thee- und Zucker-Portion. Das Gewicht der vom Soldaten getragenen Mundkost schwankt in Folge dessen zwischen 2,503 und 3,788 kg.

b. Cavallerie und reitende Artillerie.

Zusammensetzung einer Tagesportion.	Art der Fortschaffung.			
	Mannschaften	Regiments-Train	Divisions-Train	Kriegstransport
818 g Zwieback für . . .	1½	2½	4	4 Tage
27 g Speisesalz " . . .	2	2	4	8 "
21 g Kochsalz " . . .	—	2	4	8 "
137 g Grütze " . . .	—	3	4	4 "
6,4 g Thee u. 12,8 g Zucker für	—	4	10	10 "

c. Ingenieur-Truppen.

818 g Zwieback für . . .	3	5	—	4 "
27 g Speisesalz " . . .	2	4	—	8 "
21 g Kochsalz " . . .	—	4	—	8 "
137 g Grütze " . . .	—	6	—	4 "
6,4 bezw. 12,8 g Thee und Zucker für	—	8	—	10 "

Außerdem dürfen nach dem Ermessen des Commandeurs für jede Compagnie, Escadron ꝛc. noch 32 kg an Zuthaten für die Kost im Regiments-Train mitgeführt werden.

Kleinere Abweichungen bei den verschiedenen Truppentheilen sind nicht berücksichtigt. Das Gewicht einer Haferration beträgt 4,238 kg, das einer Heuration 4,10 kg.

Den Angaben über die Vorräthe der 90 Kriegstransporte ist eine Verpflegungsstärke von 900 000 Mann und 144 000 Pferden zu Grunde gelegt.

C. Bewaffnung.

1. Infanterie, Schützen und Festungs-Artillerie.

Die Infanterie ist mit dem Berdan-Gewehr Nr. 2 M/70 bewaffnet, welches im Dienst stets mit aufgepflanztem Bajonett getragen wird. Seitengewehre haben nur die Spielleute und Musicanten, welche außerdem den Revolver Smit und Wesson Nr. 3 führen.

Offiziere, Feldwebel, Fähnriche sind mit Säbel und Revolver bewaffnet.

Das Berdan-Gewehr, welches ein Kaliber von 10,7 mm, mit Bajonett eine Länge von 1,858 m und eine Schwere von 4,896 kg besitzt, hat sich im Feldzuge 1877/78 als gute Kriegswaffe bewährt. Die Visir-Einrichtung reicht bis 1600 m. Mit Hülfe der 1889 eingeführten beschleunigten Ladeweise will man in der Minute 22 Schuß Einzelfeuer bezw. 14 Salven erzielt haben. Die Patrone wiegt 39 g, die Pulverladung 5,08 g. Das Geschoß erhebt sich bei einer Entfernung des Zieles von

350   425   500   700   1050 m,
1,24   1,95   2,84   7,11   22,0 m

über die Visirlinie.

Der Revolver von 10,66 mm Kaliber hat eine Trommel für 6 Patronen und ist 1,1 kg schwer.

Die seit langer Zeit schwebende Frage der Neubewaffnung der Infanterie ꝛc. wurde Anfang 1890 durch die Annahme eines Einzelladers von 7,63 mm Kaliber und die Einführung eines rauchschwachen Pulvers entschieden. Die spätere Annahme einer Mehrlade-Vorrichtung ist dadurch nicht ausgeschlossen, sondern zu erwarten, sobald die fortdauernden Versuche mit solchen zu einem günstigen Ergebniß geführt haben. Die Vorbereitungen zur Massenanfertigung des neuen Gewehrmusters sind getroffen worden.

2. Cavallerie.

Die Mannschaften sind mit dem Berdan-Dragoner-Gewehr und dem Säbel (Schaschka), die Unteroffiziere der Dragoner-Regimenter ebenso, die Unteroffiziere der Garde-Cavallerie und sämmtliche Trompeter mit Revolver und Säbel bewaffnet. Die Säbel des 44. und 45. Dragoner-Regiments sind Asiatischen Musters. Im Frieden führen Cürassiere und Husaren Pallasche bezw. Husaren-Säbel, ferner das 1. Glied der Cürassiere und Ulanen bei Paraden und im Garnisondienst Lanzen.

Das Dragoner-Gewehr ist etwas kürzer und leichter als das Infanterie-Gewehr. Das Bajonett wird nur beim Fußgefecht aufgepflanzt. Der Säbel (Schaschka) wiegt ohne Scheide 0,84 kg. Die hölzerne, mit Leder überzogene Säbelscheide nimmt in einer besonderen Scheide gleichzeitig das Bajonett auf.

Das Gewehr wird an einem breiten Riemen quer über den Rücken, der Revolver an einer am Leibriemen befestigten Tasche, der Säbel an einem über die rechte Schulter laufenden Wehrgehänge getragen.

3. Kasaken.

Die Urjadniks (Unteroffiziere) und Kasaken sind mit dem Kasaken-Säbel (Schaschka) und dem Kasaken-Berdan-Gewehr bewaffnet. Außerdem führt mit Ausnahme der Ssemiretschensk-, Kuban- und Terek-Kasaken das erste Glied der Reiter-Regimenter die Lanze. Die Bewaffnung der Kuban- und Terek-Kasaken wird noch durch einen Dolch (Kinschal) vervollständigt.

Wachtmeister und Trompeter sind mit Säbel und Revolver bewaffnet.

Das Kasaken-Gewehr hat kein Bajonett und ist noch etwas leichter und kürzer als das Dragoner-Gewehr.

4. Feld-Artillerie.

Unteroffiziere und Mannschaften sind mit Säbel und Revolver bewaffnet; bei einer fahrenden Batterie führen jedoch nur 40 Gemeine den Revolver.

Zur Charakterisirung der Feldgeschütze dürften nachstehende Angaben genügen.

	Schweres	Leichtes	Rettendes	Gebirgs-Geschütz	Feldmörser
Kaliber	10,68	8,69	8,69	6,35	15,25 cm
Länge des Rohres	2,10	2,10	1,70	1,01	1,28 m
Art des Verschlusses			Rundkeil		
Gewicht des Geschützes mit Laffete	1190	940	810	311	460 kg (ohne Laffete)
Gewicht der Ladung	1,84	1,4	1,4	0,384	1,74 kg
Gewicht der 2,6 Kaliber langen Ringgranate	11,8	6,4	6,4	4,1	20,57 =
Gewicht des Shrapnels	12,5	6,86	6,86	4,1	28,10 =
Zahl der Shrapnelkugeln	340	165	165	100	610 Stück
Gewicht der Kartätsche	12,3	6,8	6,8	3,3	— kg
Zahl der Kartätschkugeln	171	102	102	96	— Stück
Art der Geschoßführung			Kupferbänder		
Anfangsgeschwindigkeit	373	442	411	284	275 m
Größte Schußweite	5334	6400	6400	4260	3200 m

Die ballistischen Leistungen der vorstehend aufgeführten Geschütze stehen auf der Höhe der Zeit. Der Feld-Mörser, über den einige Angaben noch der Bestätigung bedürfen, verschießt 3 Kaliber lange, mit 5,7 kg Pyroxilin gefüllte Stahlgranaten. Außer der angeführten vollen kommen noch halbe und viertel Ladungen zur Verwendung.

5. Ingenieur-Corps.

Die Ingenieur-Truppen sind mit dem Berdan-Dragoner-Gewehr bewaffnet; berittene Unteroffiziere der Pontonnier-Bataillone führen Revolver und kurze Dragoner-Säbel, berittene Mannschaften nur letztere.

6. Trains und Colonnen (Parks).

Die Bewaffnung aller Mannschaften der Militär-Telegraphen-Parks und der Unteroffiziere der Feld-Ingenieur-Parks besteht aus Säbel und Revolver; die Gemeinen der letztgenannten Parks führen nur Säbel.

Die Mannschaften der fliegenden und beweglichen Artillerie-Parks haben Dragoner-Berdan-Gewehre und Säbel, die Feldwebel und Trompeter Revolver und Säbel.

Unteroffiziere, Gefreite und 30 Mann jeder Compagnie eines Train-Cadre-Bataillons sind mit Revolvern, Feldwebel auch mit Säbeln, bewaffnet; bei den Kriegstransporten haben nur die Unteroffiziere Revolver, alle übrigen Mannschaften sind unbewaffnet.

VIII. Verpflegung.

A. Geldgebührnisse.

Man unterscheidet gewöhnliche und erhöhte Geldgebührnisse. Letztere werden den Truppen im Kaukasus und Asien und bei einzelnen Commandos, sowie im Kriege auf feindlichem Gebiete gewährt.

Alle Offiziere erleiden von ihrem Gehalt einen Abzug von 6 pCt. für die Emeritalkasse (siehe Seite 15) und 2½ pCt. für die Medicin- und Lazarethkasse. Nach Abrechnung dieser Abzüge setzen sich die Geldgebührnisse der Offiziere im Jahr wie folgt zusammen:

	Gehalt		Tischgelder	Servis				
	gewöhnl. Rubel	erhöht Rubel	u. Zulagen Rubel	I. Rubel	II. Rubel	III. Rubel	IV. Rubel	V. Rubel
General u. Corpscommandeur	1695	2544	5400	2000	1500	1000	750	500
Generallieutenant und Divisionscommandeur . . .	1356	2034	3900	1500	1200	800	500	400
Generalmajor und Brigadecommandeur	1017	1524	2700	1000	800	500	400	300
Oberst und Regimentscommandeur	687	1032	3024	800	500	400	350	250
Oberstlieutenant und selbst. Bataillonscommandeur	581	795	1695 }	500	300	250	200	150
Oberstlieutenant und Bataillonscommandeur . .	531	795	849					
Hauptmann und Compagniechef	441	660	666 }	300	200	175	150	100
Stabshauptmann und Compagniechef	366	549	666					
Premierlieutenant . . .	339	507	183 }	200	150	125	100	70
Secondlieutenant . . .	312	468	183					

Auf Märschen und während der Lagerübungen werden Tagegelder gezahlt: 1,50 bezw. 0,60 Rubel für Stabsoffiziere, 0,75 bezw. 0,30 Rubel für Oberoffiziere. Die mobilen Offiziere erhalten, wenn sie sich auf dem Kriegsschauplatze befinden, Feld= sonst Marschzulagen zu folgenden Tagessätzen:

	Marschzulage Rubel	Feldzulage Rubel
Regimentscommandeur	2	4
Stabsoffizier . . .	1	2
Compagniechef . . .	0,50	1
Oberoffizier	0,30	0,60

Bei der Mobilmachung erhalten die Offiziere zur Beschaffung der Feldausrüstung besondere Mobilmachungsgelder in der Höhe von 150 Rubel für den Stabsoffizier und 100 Rubel für den Oberoffizier, außerdem zum Ankauf der über den Friedensetat zu haltenden Reitpferde, sowie eigener Fahrzeuge einmalige Beihülfen. Eigene Fahrzeuge stehen aber nur den Offizieren vom Regimentscommandeur an zu.

Die Truppentheile erhalten jährlich bestimmte Summen (ein Infanterie= Regiment 1000 Rubel) zur Verbesserung der Einrichtungen für Offiziere ausgezahlt. Aus diesen Geldern und Beiträgen der Offiziere werden in dem Offizier=Corps das „Offizier=Vorschußcapital" und die „Offizier=Casino= Summe" gebildet bezw. unterhalten.

Die gewöhnlichen Geldgebührnisse der Unteroffiziere und Mannschaften im Jahr sind folgende:

	Garde		Armee	
	Cavallerie Rubel	Infanterie Rubel	Cavallerie Rubel	Infanterie Rubel
Fähnrich	—	—	240	240
Feldwebel	36	36	24	24
Aelterer Unteroffizier	24	24	18	18
Jüngerer Unteroffizier	16,95	16,20	4,80	4,05
Gefreiter	10,65	7,35	4,05	2,85
Gemeiner	7,35	4,95	3,45	2,70

Die verstärkten Gebührnisse sind 1½ bis 2mal so hoch als die gewöhnlichen. Feldwebel und Zugunteroffiziere, welche capitulirt haben, erhalten eine Capitulantenzulage von jährlich 84 bezw. 60 Rubel.
Ueber einmalige Beihülfen für Capitulantenunteroffiziere vergl. Seite 14.

B. Lebensmittel.

Dem Manne steht täglich an Proviant zu: 922 g Mehl oder 1,2 kg Brot, oder 818 g Zwieback und 128 (Garde 160) g Grütze. Das aus den Magazinen empfangene Mehl wird von den Compagniebäckern zu Brot verbacken und dann an die Artel-Genossen ausgegeben.

Zur Anschaffung von Fleisch, Gemüse u. s. w. werden Zukostgelder gezahlt, die sich nach den Marktpreisen richten. Von denselben erhalten die Mannschaften an Fleischtagen ½ Pfund Rindfleisch, an Fastentagen Fischspeise und außerdem Mittags: Borschtsch (Suppe aus Rüben und Speck), oder Schtschi (Kohlsuppe) oder Kascha (Grützbrei) oder Erbsen- bezw. Kartoffelsuppe; Abends: Borschtsch oder Schtschi oder Pachliobka (gewöhnliche Suppe) oder Rasmasnja (dünner Grützbrei) oder Grütze mit Kartoffeln.

Die einzelnen Compagnien, Batterien, Escadrons bilden eine „Artel", (d. h. eine Genossenschaft, welche gemeinsamen Tisch führt, eine gemeinschaftliche Kasse hat und zusammen wohnt) haben meist einen eigenen Gemüsegarten, halten sich ein Artel-Pferd und wählen einzelne Organe zur Besorgung der Menage-Angelegenheiten selbst.

Die Magazin-Verpflegung findet eine Stütze durch den bei den Truppen ständig vorhandenen achttägigen Zwiebackvorrath, der in gewissen Fristen durch Ausgabe an die Mannschaften und Neubacken aufgefrischt wird. Dies Verpflegungsverfahren wird auch im Kriege beibehalten. Zum Verbacken des Mehls werden Bäckercommandos, wenn angängig, vorausgesandt. Zur Aushülfe dient der von den Truppen mitgeführte achttägige Zwiebacksvorrath: für 3 Tage bei den Mannschaften, für 5 Tage im Regiments- und Divisions-Train.

Die Mundkost wird im Kriege noch durch Lieferung von Thee und Zucker vervollständigt.

C. Futter.

Eine Tagesration setzt sich in den drei Klassen wie folgt zusammen:

	I. Klasse	II. Klasse	III. Klasse
Hafer	5,425 kg	4,238 kg	3,523 kg
bezw.	4,913 =		
Heu	4,100 =	4,100 =	8,200 =
Stroh	1,640 =	1,640 =	— =

Nach den Sätzen der I. Klasse erhalten Futter: die Garde-Cavallerie und Garde-Artillerie die große Haferration, jedoch nur für die Reitpferde der Cürassiere und die Zugpferde der Artillerie; nach denen der II.: die Armee-Cavallerie und Artillerie, die Kasaken-Reiter-Regimenter und Kasaken-Batterien, die Artillerie- und Ingenieur-Trains. Mit Futter III. Klasse werden im Frieden die Arbeits-*)

---

*) Sämmtliche Escadrons erhalten für je 2 Arbeitspferde Rationen II. Klasse.

und Train-Pferde der Truppentheile und Anstalten verpflegt. Im Kriege erhalten jedoch die Trainpferde der mobilen Truppentheile vom Tage des Ausrückens an 5,625 kg Hafer und 6,150 kg Heu.

Die angeführten Rationssätze werden in der I. Klasse und für die Arbeitspferde der III. Klasse für das ganze Jahr, im Uebrigen nur für 240 bis 330 Tage gewährt. Dieser Rationsausfall wird dadurch vergütet, daß die Truppen für Tag und Pferd den Werth von 6,150 kg Heu in Geld erhalten. Dies Geld ist zum Pachten von Weiden bestimmt, um die Pferde mittelst Grünfutter zu ernähren.

Die Rations-Gebührnisse der Offiziere sind sehr gering. Mit Ausnahme der General- und Flügeladjutanten, der Generale à la suite des Kaisers und einiger Commandantur-Adjutanten steht keinem Offizier mehr als **eine** Ration im Frieden zu. Auch im Kriege ist die Zahl der zuständigen Rationen weit geringer als im Deutschen Heere. Die Compagniechefs sind nicht beritten.

IX. Unterkunft und Vertheilung (Standorte) der Truppentheile im Frieden.

A. Unterkunft.

Ueber die Hälfte der Feldtruppen ist in Casernen, etwa 10 pCt. in Bürgerquartieren und der Rest in casernenartig eingerichteten Häusern untergebracht. In Bezug auf die Unterkunft in Casernen ist gegen die früheren Jahre kein Fortschritt gemacht worden, da die Casernenbauten, welche die Verlegung größerer Truppenkörper in die westlichen Militär-Bezirke zur Folge gehabt haben, erst zum Theil vollendet sind.

Werden Offiziere in Casernen untergebracht, so stehen

dem Regimentscommandeur 5 Zimmer,
= Stabsoffizier . . . 3 =
= Oberoffizier . . . 1 =

zu. Für entsprechende Unterkunft der Offizierburschen sind außerdem 2, 1 bezw. ½ Zimmer zuständig.

Bei der Unterkunft der Mannschaften soll als Regel beachtet werden, daß für jeden Mann ein Luftraum von 15 Kubikmeter vorhanden ist.

B. Vertheilung (Standorte) der Streitkräfte.

Hinsichtlich der Vertheilung der Streitkräfte im Frieden hat das Jahr 1889 nur ein bemerkenswerthes Ereigniß gebracht: die Formirung der 2. gemischten Kasaken-Division (siehe Seite 55) und deren Unterbringung nebst 2 Orenburg-Batterien im Militär-Bezirk Kiew.

Hervorzuheben ist ferner die Aufhebung des Befehls, wonach die Reserve-Infanterie-Bataillone compagnieweise in den Kreisstädten unterzubringen waren. In Folge dessen stehen die genannten Bataillone jetzt fast durchweg geschlossen in Festungen, Gouvernements- und anderen großen Städten. Nachstehende Tafel giebt über die Vertheilung der Streitkräfte nähere Auskunft.

— 100 —

Gliederung und Standorte der Streitkräfte im

Militär-Bezirk	Active Truppen im Corpsverband					Anzahl der reit. Batt.	Active Truppen	
	Corps	Infanterie-Divisionen	Cavallerie-Divisionen	Feld-Artillerie-Brigaden		Inf.-Divisionen bezw. kleinere Inf.-Verbände	Cav.-Div. bezw. kleinere Cav.-Verbände
St. Petersburg	Garde-St. Petersburg I. St. Petersburg	1. Garde 2. " 22. Nowgorod 23. Reval 37. St. Petersburg	1. Garde St. Petersburg 2. " (ohne 3. Brig. d. 2. G.-C.-Div.)	1. Garde St. Petersburg 2. " 22. Nowgorod 23. Gatschina 37. Sselischtschenler Casernen	5		Kuban-Teret-Escadron des Kaiserl. Convoi
Finnland						24. Helsingfors	Finnisches Drag.-Reg.
Wilna	II. Wilna III. Riga IV. Minsk XVI. Witebsk	26. Grodno 27. Wilna 28. Kowno 29. Riga 16. Bjelostok 30. Minsk 25. Dünaburg 41. Mogilew	2. Wilna 3. Kowno 4. Bjelostok	26. Grodno 27. Wilna 28. Kowno 29. Riga 16. Wolkowysk 30. Minsk 25. Dünaburg 41. Gomel	2 2 2 2		
Warschau	V. Warschau VI. Warschau XIV. Lublin XV. Warschau	3. Garde-: Warschau 7. Radom 10. Warschau 4. Lomsha 6. Plozk 17. Lublin 18. Lublin 2. Brest-Litowsk 8. Warschau	3. Brigade 2. Garde-Cav.-Div. 5. Bloslawsk 6. Warschau 14. Kielzy 13. Warschau	3. Garde: Warschau 7. Radom 10. Lobs 4. Ostrow 6. Warschau 17. Blodawa 18. Lublin 2. Bjela 8. Lowitsch	1 2 2		Kuban-Kasaken-Division. (2 Escab.) 1. Don. Kas.-Divis.: Samostje
Kiew	IX. Kiew X. Charkow XI. Shitomir XII. Kiew	5. Tschernigow 33. Kiew 9. Poltawa 31. Charkow 11. Lusk 32. Shitomir 12. Meshibushje 19. Uman	9. Romny 10. Charkow 11. Dubno 12. Winniza	5. Njeshin 33. Kiew 9. Poltawa 31. Bjelgorod 11. Rowno 32. Berditschew 12. Winniza 19. Jablonowski	2 2 2		2. gemischte Kas.-Div.: Kameneg-Podolsk
Odessa	VII. Sewastopol VIII. Odessa	13. Sewastopol 34. Jekaterinoslaw 14. Kischinew 15. Odessa	7. Jelissawetgrad 8. Kischinew	13. Sewastopol 34. Cherson 14. Kischinew 15. Wosnessensk	2 2		Krym-Div. (2 Escab.)
Moskau	Grenad.: Moskau XIII. Moskau XVII. Nishni-Nowgorod	1. Grenadier 2. " Moskau 3. " 1. Moskau 36. Orel 3. Nishni-Nowgorod 35. Jaroslawl	1. Moskau	1. Gren.: Moskau 2. " Kaluga 3. " Rjasan 1. Wiasma 36. Mzensk 3. Pawlowskaja 35. Rostow	2		
Kasan						40. Ssaratow	Astrachan-Kas.-Regt. 3. Ural-Kas.-Regt.
Kaukasus	Kauk.: Tiflis	Kauk. Grenadier: Tiflis 38. Kutais 39. Alexandropol	1. Kauk. Kas.: Tiflis 2. " Jelissawetpol	Kauk.: Tiflis 38. Achalzych 39. Dshelal-Ogly 4 Kuban-Fuß-Plastun-Bat. (Nr. 1 und 2 gehören zum Kauk. A.-Corps.)	2	20. Wladikawkas 21. Temir-Chan-Schura	Kauk.Kav.: Tiflis Kuban-Kas. Brig.: Jekaterinodar Teret-Kas. Brig.: Wladikawkas
Don-Länd							12. Don. Kas.-Regt.

Anmerkung: Die in den Asiatischen Militär-Bezirken Omsk, Irkutsk, Amur, Turkestan und im Transkaspischen Gebiet
*) Die Geschäfte des fehlenden Local-Brigadecommandeurs sind dem Stabschef des Militär-Bezirks übertragen.
**) Von den aufgeführten 6 Reg. und 12 Bat. werden 2 Bat. erst 1891 errichtet.

Europäischen Rußland (einschließlich Kaukasus).

außer Corpsverband				Local-Brigaden	Reserve-Truppen		Brigaden des Cavallerie-Ersatzes	Anzahl der	
Schützen-Brigaden	Art.-Brigaden bezw. Batterien	Sappeur-Brigaden	Train-Cadre-Bataillone		Zahl der Res.-Inf.-Bataillone bezw. Regtr.	Reserve-Artill.-Brigaden		Festungs-Artillerie-Bat.	Festungs-Inf.-Reg. u. Bat.
Garde: St.Petersburg (ohne b. 3. Finnische L. Gd. B.)		1. St. Petersburg	1 Fest.-Torp.-C.	1. St. Petersburg 2. Archangel	7 B. 2 B.	1. Murawiewsche Casernen (Gouvernement Rowgorod)		6 B. u. 1 Comp.	2 B.
9. Finnische Schützen-Bat.	24. Helsingfors		2 Fest.-Torp.-C.	*)				4 B.	2 B.
5. Sjuwalki	1 Ausfall-Batt.: Dünaburg 1. Art. Mörs. Reg. Dünaburg	2. Wilna Eisenbahn-Brigade: Wilna	2. Kobrin 1 Fest.-Torp.-C.	4. Riga 5. Wilna 6. Minsk	3 B. 3 B. 6 B.	1. Ersatz-Batter. Bobruisk		7 B. u. 1 Comp.	1 R. 2 B.
1. Plozk 2. Tschenstochau	4 Ausfall-Batt. in Warschau, Nowo-Georgiewsk, Iwangorod, Brest-Litowsk 2 Don-Kas.-Batt.	4. Warschau	3. Lukow	8. Warschau	4 B.			20 B.	13 B.
3. Tultschin	3 Gebirgs-Batt. b. der Festungs-Art.: Kiew 2.Art.Mörs.Reg. Bjelaja Zerkow 2 Orenburg-Kas.-Batt.	3. Kiew	4. Berditschew	9. Kiew 12. Poltawa 14. Charkow	4 B., 2 R. 3 B. 4 B.	4. Kursk 2. Ersatz-Batter. Kiew	5.Nowo-Sserpuchow	2 B. u. 1 C.	
4. Odessa 1 Krym-Tataren-Comp.		5. Odessa 3 Fest.-Torp.-C.	5. Jelissawetgrad	10. Odessa 11. Jekaterinoslaw	5 B. 3 B.			5 B.	2 B.
				13. Tambow 15. Moskau 16. Tula 17. Wladimir 18. Jaroslawl	5 B. 4 B. 3 B. 5 B. 3 B.	2. Sserpuchow 3. Smolensk	Garde: Twer 1. Ssysran 2. Ostrogoshsk 3. Kirssanow 4. Nowopokrowskoje 6. Borissoglebsk 7. Tambow		
	40. Ssaratow 1 Orenburg-Kas.-Batt.			19. Kasan 20. Ssaratow 21. Perm 22. Orenburg	7 B. 4 B. 2 B. 3 B.				
Kauk.: Tiflis 4 Kauk. Schützen-Druschinen	20.Wladikawkas 21.Temir-Chan-Schura Reit. Kuban: Jekaterinodar 2 Terek-Kas.-Batterien (3. 8. u. 6. / 20. 21. in Transkaspien.)	Kauk.: Tiflis	1 Fest.-Torp.-C.	23. Wladikawkas 24. Tiflis 25. Baku	5 B.**) 5 R.**) 1 R.**) 5 B.		Cadre d. Kauk. Cav. Ersatzes: Armawir	6 B.	2 B.
					5. Taganrog				

stehenden Truppen haben weder Corps- noch Divisionsverbände.

X. Reglements und Taktik.
A. Kampfweise und Gefechtsformen.
1. Infanterie.

Das Infanterie-Regiment wird in 4 Bataillone zu 4 Compagnien gegliedert. Eine Compagnie besteht aus 4 Zügen, welche ihrerseits in Sectionen zerfallen; je 2 Züge bilden eine Halbcompagnie.

Waffen und Munition siehe Seite 94 und 90.

Das Reglement unterscheidet eine zerstreute und eine geschlossene Ordnung und bei letzterer noch eine solche mit auseinandergezogenen Rotten. Für die geschlossene Ordnung ist die zweigliedrige Aufstellung vorgeschrieben; in der Schützenkette stellen sich die Leute zwanglos in der für Abgabe des Schusses günstigsten Weise auf.

Bewegungsgeschwindigkeit in einer Minute;

116 bis 120× = 83 bis 85 m im Schritt (1 Schritt = 0,71 m),
170 bis 180× = 181 bis 192 m im Laufschritt (1 Laufschritt = 1,06 m).

Gefechtsformationen: (s. die Anlage.)

Zum Gefecht wird das Bataillon in Compagnien aufgestellt; wobei diese die dem Gelände am meisten entsprechende Formation ohne ängstliche Rücksicht auf Abstand und Richtung wählen. Zur Versammlung und zu Bewegungen außer Schußweite dient die geschlossene Zweizug-Colonne (40 Schritt breit und tief). Die geschlossene Vierzug-(Compagniefront-)Colonne (75 Schritt breit, 20 Schritt tief) wird zu Aufstellungen hinter Deckungen und zu Bewegungen hinter der Gefechtslinie benutzt.

Die Entwickelung zum Gefecht ist auf nachstehender Tafel für eine Brigade dargestellt. (Siehe Seite 103.)

Große Tiefe und schwache Feuerlinie charakterisiren dieselbe.

Die Verstärkung einer Schützenlinie erfolgt durch Verlängern oder Verdichten derselben.

Das Feuer wird in der geschlossenen Ordnung nur in Form von Salven abgegeben. Diese Feuerart soll auch in der zerstreuten Ordnung auf allen Entfernungen vorzugsweise angewandt werden. Das Schießen mit zwei Visiren und mit einer bestimmten Zahl Patronen ist 1889 abgeschafft. Die Eröffnung des allgemeinen Einzelfeuers (gegen alle Ziele) soll möglichst erst dann erfolgen, wenn von jedem Schusse ein Treffer zu erwarten ist (möglichst unter 600 m).

Ein Signalpfiff bedeutet „Stopfen".

Das Vorgehen der Schützenlinie findet bis auf etwa 600 m vom Feinde auf der ganzen Front im Schritt und dann behufs Verringerung der Verluste sprungweise statt. Doch hängt der Beginn des sprungweisen Vorgehens, die Größe der Sprünge und die Stärke der vorspringenden Abtheilung von den Gefechtsverhältnissen und dem Gelände ab.

Der Bajonettangriff wird entweder von den Schützen allein oder im Verein mit den herangerückten Reserven ausgeführt. Nach gelungenem Angriff Verfolgung des Feindes zunächst nur mit Feuer und Wiederherstellung der gestörten Ordnung.

— 103 —

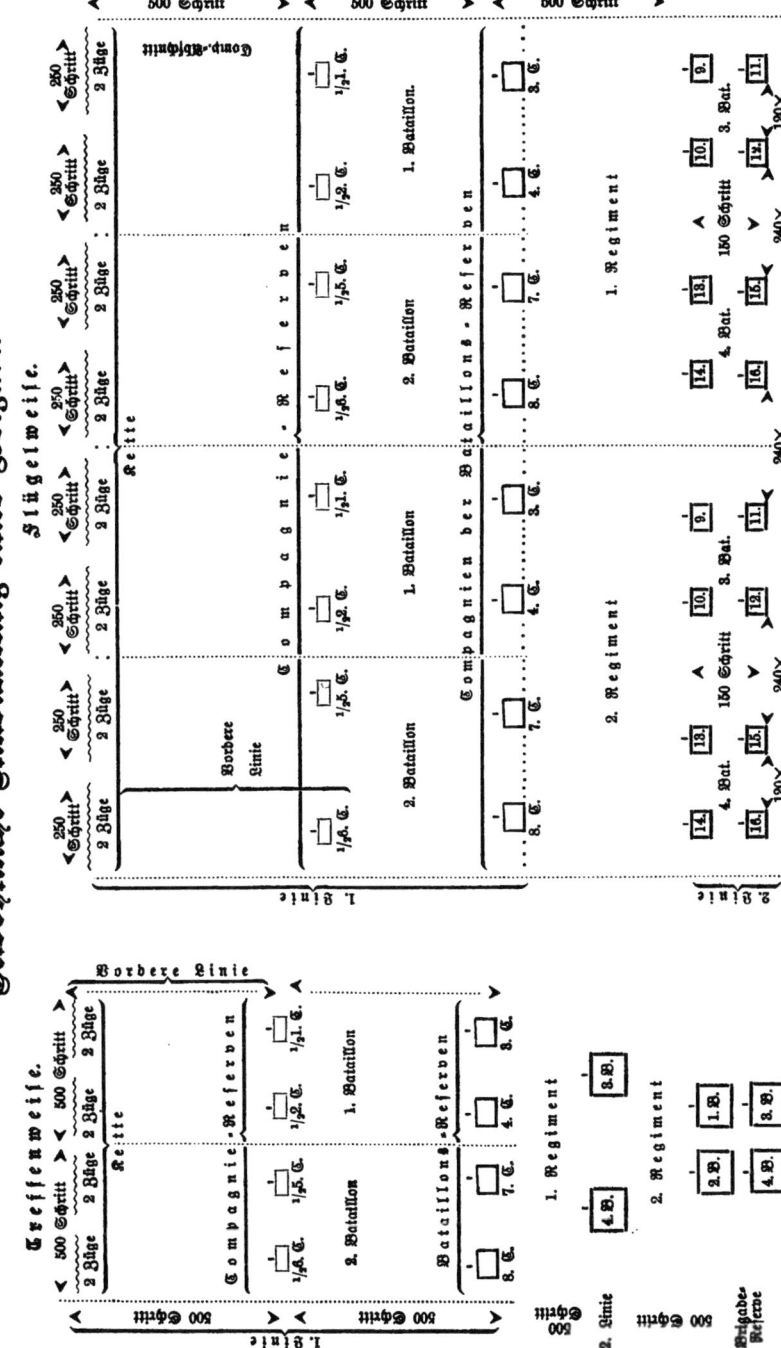

Versammlungsformation
einer Infanterie-Brigade
(Reserve-Ordnung):

Treffenweise Aufstellung.

| 4 | 3 | 2 | 1 |
| 4 | 3 | 2 | 1 |

20×, 40×

Flügelweise Aufstellung.
2. Regt.   1. Regt.

| 2 | 1 | 2 | 1 |
| 4 | 3 | 4 | 3 |

20×, 20×, 40×, 40×

Beim Angriff soll möglichst ein Flügel des Feindes umfaßt werden; in der Vertheidigung ist auf künstliche Verstärkung der Stellung und Sicherung der Flanken Bedacht zu nehmen.

Cavallerie-Angriffe werden in der für Abgabe des Feuers günstigsten Formation angenommen. Besondere Carreeformationen kennt das Reglement nicht.

2. Cavallerie.

Gliederung des Regiments in 6 Escadrons zu 4 Zügen mit 16 Rotten. Der Gliederabstand beträgt 1 Schritt, die Fühlung ist Bügel an Bügel, die Richtung nach einem zu bestimmenden Flügel.

Bewegungsgeschwindigkeit in einer Minute:

125× = 89 m im Schritt,
300× = 213 m = Trabe,
400× = 284 m = Galopp (bei den Kasaken statt dessen verstärkter Trab),
600× = 427 m in der Carriere (in der ersten Minute bis 800×).

Bei der Attacke gegen Infanterie soll von 2000 Schritt ab Trab, von 800 Schritt ab Galopp, von 300 Schritt ab Carriere geritten werden; gegen Cavallerie sind die Gangarten auf den gleichen Entfernungen vom Feinde entsprechend zu ändern.

In geschlossener und geordneter Formation anreitende Cavallerie soll mit möglichster Schnelligkeit und Geschlossenheit attackirt werden, ebenso in guter Ordnung befindliche Infanterie. Gegen letztere ist jedoch hauptsächlich die Schnelligkeit auszunutzen.

Gefechtsformationen: (s. die Anlage.)

Beim Regiment in Linie (600 Schritt breit) ist zwischen den Escadrons 20 Schritt Zwischenraum. Bei der Formation in Escadrons oder Divisions-Staffeln soll der Staffelabstand 1 Staffel + 1 Zugbreite, der Zwischenraum 1 Zugbreite betragen. Die Zugcolonnenlinie (Escadrons in Zugcolonne mit 4 Zugbreiten Zwischenraum) wird zu Bewegungen außer Schußweite und zu Bereitschaftsaufstellungen benutzt. Die Reservecolonne (Escadrons in Zugcolonne mit 7 Schritt Zwischenraum, 155 Schritt breit, 75 Schritt tief) dient als Versammlungsformation und zu Bewegungen außerhalb des Feuers. Durch eine Viertelschwenkung mit Zügen wird hieraus die Regiments-Escadrons-Colonne hergestellt.

Die Attacke wird entweder in geschlossener oder zerstreuter Ordnung ausgeführt.

In geschlossener Ordnung attackirt die Escadron in Linie, das Regiment in Linie oder in Staffeln, letzteres vor allem gegen Infanterie und grundsätzlich, wenn es allein ficht.

Die Attacke in zerstreuter Ordnung (die „Lawa" der Kasaken ist nur eine Abart derselben) wird gegen Schützenlinien, auf ungeordnete Infanterie, Artillerie und zur Verfolgung angewandt. In zweiter Linie sind möglichst lange geschlossene Abtheilungen zurückzubehalten.

Schnelles Sammeln nach der Attacke.

Verwendung von Flankeuren, Eclaireuren u. s. w. wie bei der Deutschen Cavallerie.

Eine Cavallerie-Division geht aus der Marschcolonne zunächst in die Reserveformation über. Der Uebergang aus dieser in die Gefechtsformation soll möglichst spät erfolgen. Die Formationsveränderungen werden durch vorgeschobene Abtheilungen gedeckt.

Die Gefechtsentwickelung einer Cavallerie-Division ist aus nachstehender Tafel ersichtlich.

Entwickelung einer Cavallerie-Division.

Abwartendes Verhältniß (Beispiel):

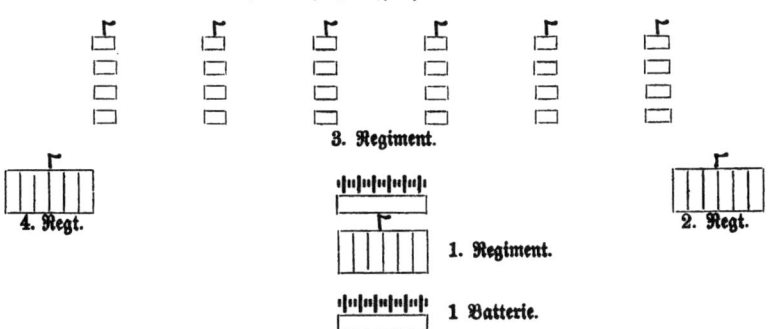

Bereit zur Attacke (Beispiel):

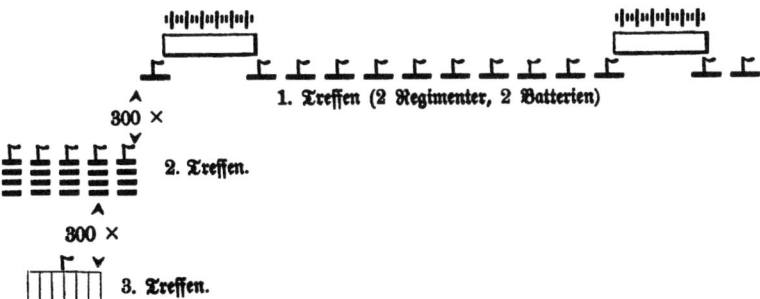

Zur Attacke ist das 1. Treffen möglichst stark zu machen. Die Flügel-Escadrons desselben bleiben möglichst lange in Zugcolonne. Das Aufmarschiren erfolgt vor Beginn des Galopps. Das 2. Treffen zieht sich auseinander, wenn das erste aufmarschirt, und marschirt auf, wenn das erste in Galopp übergeht. Das 3. Treffen kann auch als Staffel hinter einem Flügel folgen.

Die Batterien können auf einem Flügel zusammengezogen werden und sollen bei einer Attacke gegen Infanterie möglichst nahe (500 Schritt) an dieselbe heranfahren.

Die Aufmärsche und das Auseinanderziehen erfordern viele und lange Commandos, also viel Zeit; außerdem erfolgt der Aufmarsch stets bei verkürzter Gangart der Tete.

Wird zum Gefecht zu Fuß abgesessen, so bleibt bei einer einzelnen Escadron mindestens 1 Zug, beim Regiment 1 Escadron zu Pferde. Für je 3 Pferde beim gewöhnlichen, für je 5 Pferde beim verstärkten Absitzen bleibt 1 Pferdehalter zurück; bei den Kasaken, welche in letzterem Falle die Pferde koppeln, für jeden Zug nur 1 Pferdehalter. Das verstärkte Absitzen darf aber nur dann angewandt werden, wenn nach dem Gelände und der Gefechtslage ein feindlicher Angriff, sowie Bewegungen seitens der Pferdehalter ausgeschlossen sind.

Eine zum Gefecht entwickelte abgesessene Escadron gliedert sich in eine Schützenlinie und eine Escadrons-Reserve. Mehrere abgesessene Escadrons entwickeln sich treffenweise in Escadrons genau wie ein Bataillon in Compagnien. In der Vertheidigung soll auf das Feuer, beim Angriff auf schnelles Vorgehen das größte Gewicht gelegt und möglichst nahe am Feinde abgesessen werden.

3. Artillerie.

Gliederung der fahrenden Gefechts-Batterie in 8 Geschütze und sämmtliche 18 Munitionswagen, der reitenden in 6 Geschütze und 6*) Munitionswagen. Diese Munitionswagen folgen auf dem Marsche mit 1 Vorraths-Laffete und 1 Werkzeugwagen unmittelbar der Batterie. Für das Gefecht werden sie in zwei Staffeln getheilt, von denen die erste bei den fahrenden Batterien 4, bei den reitenden 3 Munitionswagen enthält. Zur Geschützbedienung gehören außer dem Geschützführer bei einem schweren Geschütz 7 Nummern, bei einem leichten 6 Nummern, bei einem reitenden 9 Nummern, einschließlich 3 Pferdehalter.

In Betreff der Geschütze und Munition vergl. Seite 96 u. 92.

Bewegungsgeschwindigkeit in einer Minute:

$125^\times = 89$ m im Schritt,
$300^\times = 213$ m im Trabe,
$600^\times = 427$ m in der Carriere (nur für reitende Batterien).

Gefechtsformationen:**) Linie mit vollen (27 Schritt) Zwischenräumen zu Bewegungen im Feuer und zum Geschützkampf:

---

*) Die übrigen 6 Munitionswagen gehören zur 2. Staffel des Batterie-Trains.
**) Vergl. die Anlage.

Fahrende Batterie in der Gefechtsformation.

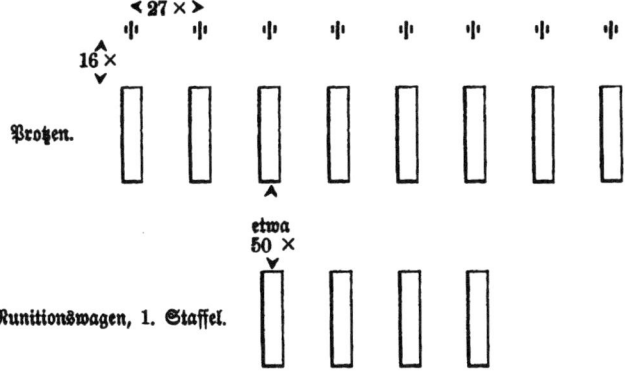

Linie mit engen (12 Schritt) Zwischenräumen zu Aufstellungen und Bewegungen außerhalb des Feuers, Linie mit geschlossenen (6 Schritt) Zwischenräumen nur behufs vorübergehender Ueberwindung von Terrainschwierigkeiten. Colonne nach der Mitte zu Vieren wird zur Versammlung und zu Bewegungen außerhalb des Feuers benutzt. Die Colonne nach der Mitte zu Zweien und die Colonne zu Einem dienen auf dem Gefechtsfelde zum Ueberschreiten schmaler Stellen.

Eine Abtheilung zu mehreren Batterien manövrirt in Colonnen-Linie mit geöffneten Zwischenräumen (Batterien in aufgeschlossener Zug- oder Halbbatterie-Colonne, oder in Colonne nach der Mitte, nebeneinander), oder in Colonnen-Linie mit engen Zwischenräumen (Batterien in aufgeschlossener geöffneter Halbbatterie-Colonne nebeneinander), oder in Abtheilungs-Batterie-Colonne (Batterien in Linien hintereinander) oder in Abtheilungs-Halbbatterie-Colonne (Halbbatterien hintereinander).

Jede Feuerstellung ist von dem vorausreitenden Batteriecommandeur zu erkunden. Bei der Wahl derselben ist mehr Gewicht auf Wirkung als auf Deckung zu legen. Vor dem Einrücken in die Feuerstellung sind die Batterien zunächst möglichst gedeckt in eine der Sicht des Feindes entzogene Bereitschaftsstellung zu führen. In derselben werden die Geschütze mit Granaten geladen, die Visire gestellt und Befehle über die Feuerordnung ertheilt. Der Aufmarsch soll bei einem starken Gegner außerhalb des feindlichen Feuers und möglichst so erfolgen, daß die Batterien gleichzeitig in die Feuerstellung einrücken können. In letzterer sind die natürlichen Deckungen nach Möglichkeit zu benutzen, die Protzen und Munitionswagen, wenn angängig, seitwärts rückwärts der Batterie aufzustellen. Das Heranschaffen der Munition auf den Pferden der Geschützführer ist in solchen Fällen mit Erfolg versucht worden.

Wahl der Ziele: Beim Angriff sind zunächst die feindliche Artillerie und geschlossene Truppentheile, die nicht gedeckt sind, zu beschießen; später ist das

Feuer auf den Angriffspunkt zu concentriren. In der Vertheidigung bildet die angreifende Infanterie das wichtigste Ziel. Im Reiterkampfe ist das Feuer ausschließlich gegen die angreifende Cavallerie zu richten.

Schnelligkeit des Feuers: Eine Batterie verschießt in der Regel bei langsamem Feuer 2, bei beschleunigtem Feuer 3 bis 4, bei Schnellfeuer 6 bis 8 Granaten oder Shrapnels bezw. 16 Kartätschen in der Minute.

Wahl der Geschoßarten: Die Granate soll besonders auf großen Entfernungen gegen geschlossene Truppentheile und Artillerie, die keine Deckung haben, sowie gegen alle festen Ziele angewandt werden. Gegen Schützenlinien, aufgelöste Cavallerie und Truppen hinter natürlichen oder künstlichen Deckungen ist das Shrapnel (bis 3400 m) vorzuziehen. Die Kartätsche wird nur auf nahen Entfernungen (bis 400 m) gebraucht. Unter Umständen empfiehlt sich eine gleichzeitige Verwendung von Granaten und Shrapnels.

Feuerleitung: Das Feuer einer größeren Zahl von Geschützen soll gegen ein Ziel vereinigt werden. Dies ist besonders bei Granatfeuer eine unerläßliche Bedingung des Erfolges, während beim Schießen mit Shrapnels die Vertheilung des Feuers auf einen bestimmten Abschnitt der feindlichen Stellung größere Wirkung verspricht. Beim Schießen mit Granaten auf Entfernungen über 1000 m darf über die eigenen Truppen hinweggeschossen werden, wenn dieselben über 200 m vom Ziel und von der Batterie entfernt sind.

Verwendung der Artillerie: Es gilt als Regel, sofort beim Beginn des Gefechts eine starke Artillerie in Stellung zu bringen, doch wird das Zurückhalten einer Reserve auch beim Angriff für geboten erachtet. Bei einer allein fechtenden Infanterie-Division wird man z. B. zunächst nur 4 Batterien auffahren lassen, 2 leichte in Reserve behalten. In der Schlacht soll die Artillerie vorzugsweise in ganzen Brigaden verwandt werden. Die Eröffnung des Feuers beginnt im Allgemeinen auf 2400 m. Von hier fährt beim Angriff die Artillerie bis auf 1400 bis 1800 m vor, sobald die feindliche Stellung genau erkannt ist, und die übrigen Truppen sich zum Gefecht entwickelt haben. Zur Unterstützung des Infanterieangriffs rücken die Batterien schließlich bis auf 800 m, zum Theil sogar bis auf Kartätschschußweite vor. Ist es im Moment des Sturmes nicht möglich, das Feuer auf nähere Entfernung als 800 m zu eröffnen, so muß unter allen Umständen ein Theil der Artillerie den angreifenden Truppen in der Höhe des 2. Treffens folgen, ohne abzuprotzen. Gelingt der Sturm, so fahren diese Batterien in der genommenen Stellung auf und verfolgen durch Feuer. Mißglückt der Angriff, so protzen dieselben ab, wo sie sich gerade befinden, um den zurückweichenden Truppen einen Halt zu geben.

Ist die Artillerie des Vertheidigers der gegnerischen nicht gewachsen, so hat sie ihr Feuer bis zum entscheidenden Infanterieangriff aufzusparen. Behufs Abwehr desselben haben die Batterien bis zum letzten Moment auszuharren, auch auf die Gefahr hin, eine Beute des Feindes zu werden.

Stellungswechsel soll im Allgemeinen nicht unter 600 m vorgenommen werden. Das Vor- und Zurückgehen hat in Staffeln zu erfolgen. Eine Batterie, der die Munition ausgegangen ist, darf im feindlichen Feuer aus ihrer Stellung nicht zurückgehen.

Zur Deckung der Artillerie sind die derselben zunächst befindlichen Truppentheile der anderen Waffen verpflichtet.

B. Sicherung des Marsches.

1. **Marschordnung einer Infanterie-Division** in der Stärke von 2 Infanterie-Brigaden, 1 Cavallerie-Regiment, 1 Artillerie-Brigade (6 Batterien):

Sicherheits-Patrouillen: 3 bis 12 Reiter pro Patrouille.

Infanterie-Patrouillen nur ¼ bis ½ km vorzuschieben.

Vortrupp: 1 Escadron event. 1 Compagnie mit einigen Reitern.

Entsendet außer den Sicherheits-Patrouillen auch „Fliegende Patrouillen", letztere auf weite Entfernungen.

Vorhut: 3 bis 4 Compagnien bezw. ½ Cavallerie-Regiment.

Gros der Avantgarde ¾ Infanterie-Regt., 1 bis 3 Escadrons, 2 Batterien (in der Regel hinter dem Teten-Bataillon), 1 Sappeur-Compagnie; 1. Staffel des Regiments-Trains (kleine Bagage).

Vortrupp des Gros: 1 Compagnie oder 1 Escadron.

Gros: 3 Infanterie-Regimenter, 4 Batterien (vertheilt; etwa 2 hinter dem Teten-Bataillon, 2 vor dem letzten Infanterie-Regiment); mit 1. Staffel des Regiments-Trains.

Patronenkarren der 2. Staffel des Regts.-Trains.

— 110 —

Auf 8 km folgt die 2,3 km lange 2. Staffel des Regiments-Trains, dicht dahinter die Arrieregarde (1 Compagnie und etwas Cavallerie). Einen Tagemarsch dahinter marschirt schließlich als 3. Staffel der „Divisions-Train" (etwa 4 km lang). Das Nähere siehe: „Trains".

2. **Marschordnung einer Cavallerie-Division** in der Stärke von 4 Regimentern und 2 Batterien.

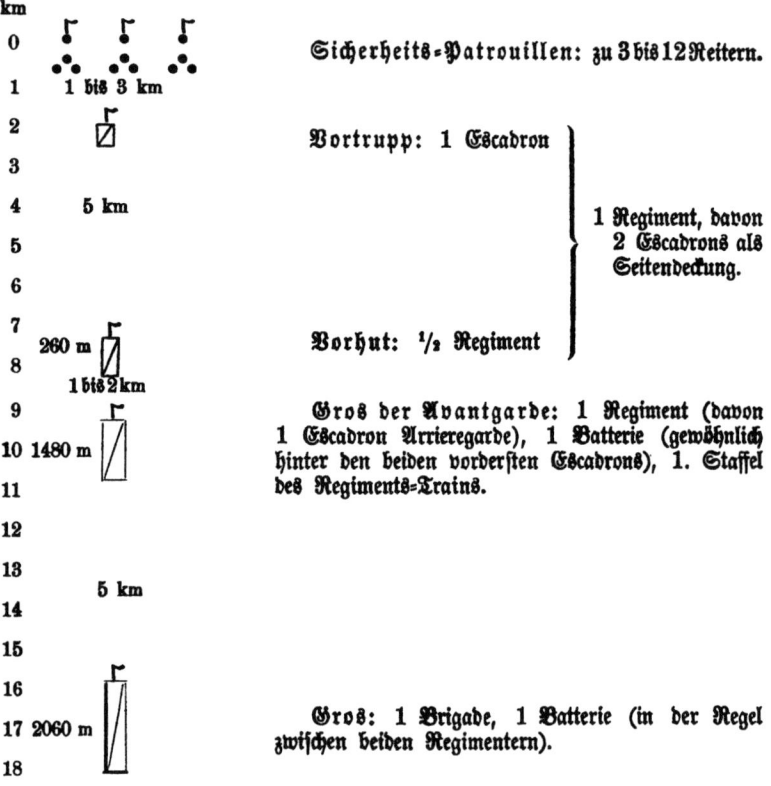

km		
0		Sicherheits-Patrouillen: zu 3 bis 12 Reitern.
1	1 bis 3 km	
2		Vortrupp: 1 Escadron
3		
4	5 km	1 Regiment, davon 2 Escadrons als Seitendeckung.
5		
6		
7	260 m	Vorhut: ½ Regiment
8	1 bis 2 km	
9		Gros der Avantgarde: 1 Regiment (davon 1 Escadron Arrieregarde), 1 Batterie (gewöhnlich hinter den beiden vordersten Escadrons), 1. Staffel des Regiments-Trains.
10	1480 m	
11		
12		
13		
14	5 km	
15		
16		Gros: 1 Brigade, 1 Batterie (in der Regel zwischen beiden Regimentern).
17	2060 m	
18		

Auf 5—12 km dahinter die 2½ km langen Trains (2. Staffel des Regiments-Trains und Divisions-Train [s. „Trains"]); hinter diesen 1 Escadron als Arrieregarde.

Anmerkung. Auf den breiten Russischen Wegen marschirt die Infanterie in doppelter Sectionsbreite, die Cavallerie zu sechs.

— 111 —

C. **Vorpostendienst**.

1. Infanterie.

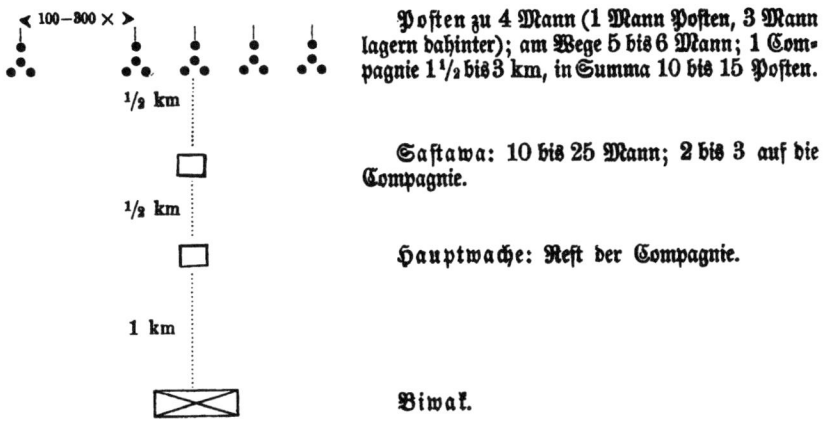

Posten zu 4 Mann (1 Mann Posten, 3 Mann lagern dahinter); am Wege 5 bis 6 Mann; 1 Compagnie 1½ bis 3 km, in Summa 10 bis 15 Posten.

Sastawa: 10 bis 25 Mann; 2 bis 3 auf die Compagnie.

Hauptwache: Rest der Compagnie.

Biwak.

2. Cavallerie.

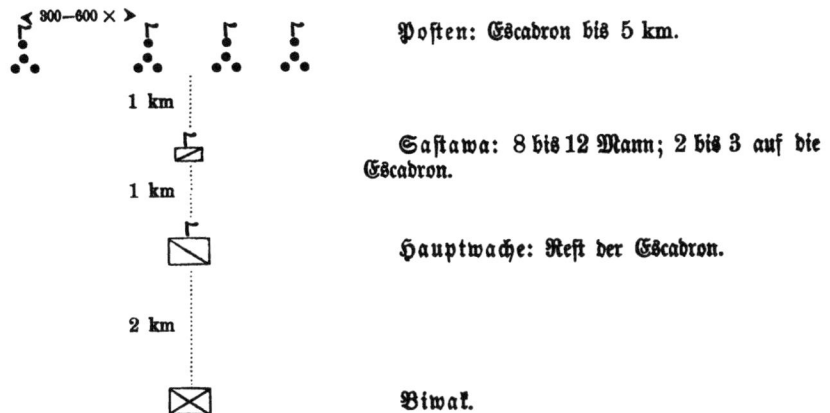

Posten: Escadron bis 5 km.

Sastawa: 8 bis 12 Mann; 2 bis 3 auf die Escadron.

Hauptwache: Rest der Escadron.

Biwak.

Bei größeren Biwaks (1 Brigade und mehr) wird zwischen Hauptwache und Biwak noch eine Vorposten-Reserve von 1 bis 4 Compagnien oder 1 bis 2 Escadrons mit 2 Geschützen ausgestellt.

Vor Befestigungen und in unübersichtlichem Terrain werden vor die Postenlinie in der Nacht auf 3 bis 400 Schritt Horchposten (Secrety) — bei der Cavallerie ohne Pferde — vorgeschoben.

Das Biwak einer in einer Linie lagernden Infanterie-Division ist 2630 × breit, 340 × tief; das der Cavallerie-Division 1500 × breit, 430 × tief.

XI. Ausbildung.

A. Offiziere.

Die der Fortbildung der Offiziere dienenden Anstalten: Akademien, Schießschulen u. s. w. sind bereits besprochen worden (vergl. Seite 8, 52 und 53).

Die besondere Ausbildung der Offiziere bei der Truppe ist der unmittelbaren Leitung der Bataillons- und Batteriecommandeure, bezw. bei der Cavallerie den etatsmäßigen Stabsoffizieren anvertraut. Außerdem werden zu diesem Zweck Generalstabsoffiziere herangezogen.

Mit Hülfe der letzteren sollen unter unmittelbarer Leitung der Commandeure besonders die Offiziere ausgebildet werden, welche zur Leitung des fraglichen Dienstzweiges berufen und befähigt sind.

Die mit den Offizieren vorzunehmenden Uebungen zerfallen in **vorbereitende** (vom 1. (13.) October bis 1. (13.) April) und **praktische**.

Erstere bestehen in Kartenlesen, Anfertigung von Krokis, mündlicher und schriftlicher Lösung taktischer Aufgaben (Kriegsspiel) und Vorträgen.

Die praktischen Uebungen umfassen: Orientiren im Gelände nach der Karte, Lösung von taktischen Aufgaben im Gelände in Verbindung mit Abstecken von Feldbefestigungsanlagen und Uebungsritte. An den Uebungsritten, welche in jedem Corps nach Schluß der Uebungen mit gemischten Waffen auf etwa 10 Tage stattfinden, nehmen je 20 bis 25 Offiziere aller Waffen Theil. Dieselben werden unter der Oberaufsicht von Generalen durch Generalstabsoffiziere geleitet. Außerdem finden Cavallerie-Uebungsreisen auf die Dauer von etwa 10 Tagen, sowie unter Leitung der Festungscommandanten Festungsübungsritt für Offiziere derjenigen Truppentheile statt, welche die Besatzung der Festung bilden.

Generalstabsreisen finden jährlich in mehreren Militär-Bezirken statt; sie bezwecken die Fortbildung der Generalstabsoffiziere und die Lösung strategischer u. s. w. Fragen. Zur Theilnahme an diesen Reisen werden auch Truppenoffiziere herangezogen.

Zur Belebung des Reitergeistes ist allen Offizieren der Cavallerie und reitenden Artillerie bis einschl. der Stabsoffiziere die Verpflichtung auferlegt, jährlich ein Wettrennen auf 2 km mitzureiten. An diesem Rennen nahmen 1889 198 Offiziere nicht Theil, hiervon 37, weil sie keine eigenen Pferde besaßen.

1889 ist die 1. Militär-Jagdgesellschaft begründet worden, deren Allerhöchst bestätigte Satzungen auf Entwickelung von Kühnheit, Ausdauer und Findigkeit unter den Offizieren gerichtet sind. Man will auf diese Weise Führer für die Jagdcommandos der Truppen heranbilden.

B. Ausbildung der Truppen.

1. Winterdienst.

Die Ausbildung der Rekruten, deren Einstellung zu sehr verschiedenen Zeiten stattfindet (vergl. Seite 10), nimmt 4 Monate in Anspruch. Der junge Soldat wird während dieser Zeit in den theoretischen Vorkenntnissen seiner Waffe, in den Vorübungen für das Schießen, im Exerciren bezw. Reiten, in der Gymnastik, im Bajonett= bezw. Hiebfechten, im Garnison=Wachtdienst und in den Elementen des Feld=Wachtdienstes unterrichtet. Der Sappeur erhält in diesen vier Monaten die allgemeine infanteristische Ausbildung.

Die alten Mannschaften werden theoretisch fortgebildet; neben dem Einzelexerciren soll auch Felddienst mit ihnen geübt werden.

Bei der Cavallerie soll einmal wöchentlich in der Escadron, wenn angängig auch im Regiment, exercirt werden.

Die tüchtigsten Leute werden in den Stabsquartieren der selbständigen Truppentheile zu Lehrcommandos zusammengestellt, um in einem siebenmonat=lichen Cursus zu Unteroffizieren ausgebildet zu werden.

Den dort ausgebildeten Unteroffizieren hat die 1889 mit der Besichtigung des Lehr=Unteroffizier=Bataillons Riga (vergl. Seite 53) beauftragte Commission die nöthige praktische Schulung abgesprochen, so daß die Compagniechefs an ihnen keine Stütze fänden. Die Ursache dieses Mißstandes sieht die Commission darin, daß die mit der Ausbildung der Lehrcommandos beauftragten Lieutenants in der Lehrthätigkeit und im inneren Compagniedienst zu wenig bewandert wären.

Eine besondere Ausbildung erhalten diejenigen alten Leute (vier von jeder Compagnie u. s. w.), welche den Jagdcommandos zugetheilt werden. Diese Einrichtung bezweckt die Heranbildung tüchtiger Patrouillenführer, die im Kriege zu besonders gefahrvollen Unternehmungen verwandt werden. Durch Jagden auf Raubthiere, Gewaltmärsche bei Tag und Nacht, Uebungen im Kundschafts=dienst, Turnen, Schwimmen, Rudern u. s. w. soll die Entschlossenheit, Findig=keit und Kühnheit der Mannschaften nach Möglichkeit entwickelt werden. Die Ausbildung der Jagdcommandos leitet bei jedem Regiment ein Hauptmann bezw. Rittmeister. Es sei hierbei darauf hingewiesen, daß die Jagdcommandos bei den gemischten Uebungen vielfach zu besonderen Truppentheilen zusammengestellt werden, und daß deren völlige Loslösung von den Compagnien zahlreiche Be=fürworter gefunden hat.

2. Sommerdienst.

Der Sommerdienst soll bestimmungsmäßig in der Zeit vom 1. (13.) Mai bis 1. (13.) September stattfinden. 12 Wochen sind für die Ausbildung der einzelnen Waffen, 4 für Uebungen mit gemischten Waffen bestimmt. Natur=gemäß bedingen die verschiedenartigen Verhältnisse des großen Reiches vielfache Abweichungen von dieser regelmäßigen Zeiteintheilung. Die klimatischen Ver=hältnisse des Militär=Bezirks Petersburg z. B. machen regelmäßig eine bedeutende Verkürzung der Sommerübungen nöthig; 1889 standen dort für die Ausbildung der einzelnen Waffen nur 6 Wochen zur Verfügung.

In vielen Militär=Bezirken wird der Sommerdienst stets durch ausgedehnte Beurlaubungen zu Erntearbeiten unterbrochen. 1889 geschah dies in den Militär=Bezirken Wilna, Warschau, Moskau auf 2, Odessa auf 3, Turkestan auf 6 Wochen.

C. Ausbildung der einzelnen Waffen.

Von den Neuerungen, welche das Jahr 1889 für die Ausbildung der einzelnen Waffen gebracht hat, ist die neue Schießvorschrift hier vorweg zu besprechen. Dieselbe setzt folgenden Ausbildungsgang fest: Nachdem der Schütze anfangs auf bekannte Entfernungen geschossen hat, wird er in der selbständigen

Abgabe des Einzelfeuers innerhalb der Grenzen des Standvisirs auf unbekannte Entfernungen unterwiesen. Darauf werden bei der Infanterie und Cavallerie Uebungen im Einzelfeuer auf 500 bis 700 Schritt, sodann im Salvenfeuer auf 500 bis 2200 Schritt in Gruppen, Halbcompagnien und Compagnien vorgenommen. Die letzten Uebungen (2 bei der Infanterie, 1 bei der Cavallerie) bestehen in der Lösung von taktischen Schießaufgaben. Der volle Schießcursus (130 scharfe, 15 Platzpatronen) ist für die Feld-, Reserve-, und Festungs-Infanterie, ein etwas abgekürzter für die Localcommandos, Cavallerie (75 scharfe, 15 Platzpatronen) und Ingenieurtruppen (40 scharfe, 10 Platzpatronen) vorgeschrieben. Sonstige mit Gewehren bewaffnete Truppen machen einen auf das äußerste Maß beschränkten Schießcursus durch. Des Weiteren ist bestimmt, daß bei der Infanterie, Cavallerie und den Ingenieurtruppen die Rekruten und diejenigen alten Mannschaften, welche im verflossenen Jahre den Cursus nicht ganz oder überhaupt nicht durchgemacht haben, alle Uebungen desselben erledigen, während die übrigen alten Mannschaften nur einige Uebungen auf bekannte Entfernungen wiederholen.

Die neue Schießvorschrift bestimmt im Vergleich zu der bisherigen:

Die Erledigung des jährlichen Schießcursus in einer fast um die Hälfte verkürzten Zeit;

die gleiche Zahl scharfer Patronen für den gesammten Schießcursus, eine geringere Zahl Schießen auf bekannten Entfernungen;

Milderung der Bedingungen für Versetzung in eine höhere Schießklasse;

eine beschleunigte Ladeweise, welche die Feuergeschwindigkeit bis auf 22 Schuß Einzelfeuer in der Minute steigert;

die Ausbildung im Entfernungsschätzen von 20 statt 12 Mann in der Compagnie;

eine vereinfachte Ausführung des gefechtsmäßigen Abtheilungsschießens;

Preise für schnelles Schießen unter Beibehalt der bisherigen für gutes Schießen;

eine Erweiterung der Schießbesichtigungen, welche sich auf die verschiedenen Feuerarten auf bekannte und unbekannte Entfernungen und auf ein gefechtsmäßiges Schießen nach einer taktischen Idee erstrecken soll.

Kurz zusammengefaßt, die neue Schießvorschrift legt einen erhöhten Werth auf die Ausbildung im kriegsmäßigen Schießen.

Der Entwurf einer Anleitung für den Feld-Pionierdienst der Truppen, welcher Ende 1889 der praktischen Erprobung unterworfen ist, hat zahlreiche Einwendungen in der Fachpresse hervorgerufen. Derselbe behandelt Schützengräben, Geschützdeckungen, Feldschanzen, Befestigung von Oertlichkeiten und Biwakseinrichtungen von dem Gesichtspunkte aus, daß diese Arbeiten ohne Mithülfe von Sappeuren hergestellt werden.

Es werden drei Arten von Schützengräben: für kniende, für auf der Grabensohle und für auf dem Auftritt stehende Schützen vorgeschrieben. Der letzterwähnte Schützengraben, dessen Breite oben $2^{1}/_{2}$ Schritt, an der Sohle $^{3}/_{4}$ Schritt beträgt, soll einer zweigliedrigen Aufstellung Schutz gewähren.

Die Geschützdeckungen haben kreisförmigen Grundriß und sind entweder horizontale oder versenkte. Bei der horizontalen Geschützdeckung steht das Geschütz auf dem gewachsenen Boden, und wird durch eine 90 cm hohe und 2 bis 3 m starke Brustwehr gedeckt. Für ein versenktes Geschütz ist eine Brustwehr nicht vorgesehen.

Die Feldschanze hat einen im Querschnitt dreieckigen, mit der Sohle nach dem Fuß der Escarpe geneigten Graben von 2,84 m Tiefe und 4,26 m Breite. Für Escarpe und Contrescarpe ist halbe Anlage vorgeschrieben. Eine Berme fehlt. Der Kehlschluß der Schanze wird empfohlen.

a. Infanterie.

Zum Compagnie=, Bataillons= und Regimentsexerciren werden die Regimenter in den Stabsquartieren vereinigt, wo es angängig ist, sogar in Brigaden und Divisionen (1889: 11 Divisionen) zusammengezogen. Auf die genannten Exercirübungen werden in obiger Reihenfolge 6, 4, 2 Wochen verwandt. Die von den Compagnien u. s. w. während dieser Zeit vorzunehmenden Uebungen sollen umfassen: Reglementarisches Exerciren, Schießen und Entfernungsschätzen, Feldpionierdienst, angewandtes Turnen, Feldwachtdienst, Gefechtsexerciren ohne und mit Gegner, sowie Exerciren in kriegsstarken Compagnien und Bataillonen.

Charakteristisch ist der große Nachdruck, mit dem nächtliche Angriffe, sowie Angriff und Vertheidigung von Feldschanzen geübt werden; ebenso der hohe Werth, den man auf die neuerdings eingeführte „durchdringende Attacke" legt. Letztere besteht darin, daß der Angreifer beim Anlauf erst Halt machen darf, nachdem er durch die Reihen des Gegners hindurchgedrungen ist.

Zur Orientirung bei nächtlichen Unternehmungen sind phosphorleuchtende Hülfsmittel und besonders construirte Blendlaternen vorgeschlagen worden.

Anschlaggestelle zur Erhöhung der Wirkung bei Nachtschießen wurden mit Erfolg erprobt.

Bemerkenswerth sind auch die Versuche, Wasserläufe mit Hülfe von zur Hand befindlichem Material zu überschreiten. Mit Erfolg haben hierbei besonders aus Zeltstreifen hergestellte Boote, mit Stroh ausgestopfte Gepäcksäcke (den Deutschen Brotbeuteln ähnlich), Binsenbündel, aufgeblasene Schläuche und die getheerten Plandecken der Trainfahrzeuge Verwendung gefunden. Zu solchen Uebungen werden besonders die Jagdcommandos herangezogen.

Die Festungs=Infanterie ist 1889 besonders eingehend im Pionierdienst ausgebildet worden.

b. Cavallerie.

Für das Escadron= und Regimentsexerciren, welches fast durchweg in den Regiments=Stabsquartieren, bisweilen auch an den Orten stattfindet, wo später größere Uebungen stattfinden sollen, sind 9 Wochen bestimmt. Während dieser Zeit soll geübt werden: Schulexerciren, Schießen und Entfernungsschätzen, Sicherheits= und Aufklärungsdienst.

Ueber specielle Uebungen in größeren Cavallerie=Verbänden (Brigade, Division) werden jedes Jahr besondere Anordnungen erlassen. Die speciellen Uebungen bezwecken die Ausbildung größerer Cavallerie=Verbände im Avantgarden=Dienst, im Manövriren auf dem Schlachtfelde, sowie in Lösung selbständiger Aufgaben außerhalb des Schlachtfeldes. 1889 fanden solche Uebungen an 13 Punkten auf 2 bis 4 Wochen statt; dieselben fielen bei einigen Divisionen der Militär=Bezirke Wilna, Warschau, Kaukasus in Folge längerer Theilnahme der Cavallerie an den Uebungen mit gemischten Waffen, aus.

Für Dauerritte, Durchschwimmen von Flüssen zeigt sich andauernd großes Interesse. Als hervorragende Leistungen nach beiden Richtungen sind 1889 zu verzeichnen: der 33tägige Ritt des Cornets Assejew vom 26. Dragoner=Regiment von Lubny nach Paris; die tägliche Durchschnittsleistung auf der 2500 km langen Strecke beträgt 76 km.

Der 29stündige Ritt von 5 Offizieren des 1. Ural-Kasaken-Regiments von Kiew nach Romny = 214 km. In beiden Fällen führten die Reiter Handpferde mit. Durchschwimmen des über 600 m breiten Dnjepr bei Kiew durch 2 Ssotnien des 1. Ural-Kasaken-Regiments in der Formation zu Dreien und ebenso zurück. Die Pferde waren nicht abgesattelt, die Mannschaften jedoch entkleidet.

Die „durchbringende Attacke" wird auch von der Cavallerie gegen feuernde Infanterie und Artillerie geübt.

Dem Exerciren nach Winken mit dem Säbel, ohne Commandos und Signale, wurde 1889 eine erhöhte Aufmerksamkeit zugewandt. Man will darin sehr befriedigende Erfolge erzielt haben.

Ueber mangelhafte Ausbildung im Aufklärungs- und Sicherheitsdienst wird noch viel geklagt.

In den Ausbildungsbereich der Cavallerie fällt auch die Handhabung der Telegraphen und Heliographen, sowie die Zerstörung von Eisenbahnen und Telegraphenleitungen.

c. Artillerie.

Für die taktische Ausbildung der Batterien sind 8, für die Schießübung 2 bis 3 Wochen vorgesehen; doch darf die ersterwähnte Ausbildungsperiode zu Gunsten der letzteren verkürzt werden. Dies geschieht fast durchweg. Die taktische Ausbildung findet meist in den Garnisonen statt und umfaßt: Fahrausbildung im Gelände, Bespannterexerciren in Zügen und Batterien, Schießen mit Revolvern, Feldpionierdienst, endlich taktische Uebungen, welche anfangs von den einzelnen Batterien und schließlich von den Brigaden ausgeführt werden. Die Schießübung wird auf den großen Schießplätzen der Militär-Bezirke durchgemacht. An Uebungsmunition sind für jede Batterie ausgeworfen: 183 Granaten, 164 Shrapnels, 10 Kartätschen; außerdem zu den gefechtsmäßigen Schießübungen mit anderen Waffen für eine fahrende Batterie 15 Granaten, 30 Shrapnels, für jede reitende 7 Granaten, 13 Shrapnels. 1889 schossen 10 pCt. aller Batterien nicht auf den Schießplätzen; 57 pCt. verwandten 8, 40 pCt. 6 Wochen auf die Schießübung.

Die Ausbildung einer genügenden Anzahl von Richtkanonieren bietet wegen Mangels an Leuten mit ausreichender Schulbildung große Schwierigkeiten.

Die 1889 erfolgte Herausgabe einer Vorschrift für das gemeinschaftliche Schießen einer Gruppe von Feldbatterien hatte zur Folge, daß dem gruppenweisen Schießen der Batterien in diesem Jahre eine besondere Aufmerksamkeit gewidmet wurde.

Nächtliche Schießübungen werden mit Eifer und guten Ergebnissen betrieben.

Nach Beendigung der Schießübungen bleiben in einzelnen Militär-Bezirken noch einige Batterien auf den Schießplätzen zu Ergänzungs-Uebungen zurück. Dieselben dienen zur Erprobung artilleristischer Neuerungen sowohl hinsichtlich des Materials, als auch betreffs der Verwendung der Artillerie im Gefecht.

d. Ingenieur-Truppen.

In der Zeit vom 1./13. Mai bis 1./13. Juni werden die Ingenieur-Truppen in ihren Garnisonen im Exerciren und Schießen ausgebildet und gleichzeitig mit technischen „Vorbereitungs"-Arbeiten beschäftigt. Hierauf werden sie brigadeweise in Lagern zusammengezogen, um zunächst mindestens 5 Wochen in den Compagnien und dann in der Brigade größere technische Arbeiten auszuführen.

Besonderer Werth wird darauf gelegt, daß sämmtliche Bataillone in der kriegsmäßigen Anlage von Feldverschanzungen, in der Ueberwindung künstlicher Hindernisse, sowie im Erklettern von Festungswerken mit Hülfe tragbarer Leitern, Brücken und sonstiger Vorrichtungen geübt werden.

Bei Gelegenheit der Lagerübungen werden auch technische und artilleristische Neuerungen durch größere Versuche erprobt.

1889 schwankte die Dauer der Lagerversammlungen zwischen 3 bis 5 Wochen. Das Ingenieur=Comitee wünscht mindestens 4½ Wochen für diese wichtige Ausbildungszeit.

An den Manövern der übrigen Waffen nimmt nur ein geringer Theil der Ingenieur=Truppen Theil.

Die **Luftschiffer=Abtheilung** wird zu Manövern und Schießversuchen herangezogen. Im Uebrigen richtet sich ihre Thätigkeit auf praktische Versuche mit freischwebenden und Fessel=Ballons, Herstellung von Luftballons, Verwendung der Photographie zu militärischen Zwecken, sowie Zucht und Abrichtung von Brieftauben. Endlich werden seit 1889 in halbjährigen Lehrcursen Offiziere und Mannschaften des Ingenieur=Corps und der Festungstruppen zu Luftschiffern herangebildet.

e. Uebungen mit gemischten Waffen.

Für die Uebungen einer Infanterie=Division im Verbande mit Cavallerie und Artillerie ist 1889 eine neue Zeiteintheilung festgesetzt, welche bestimmt

für Einrichtung des Lagers . . . . . . 2 Tage,
= einseitige Regiments=Uebungen . . . . 2 =
= desgl. mit erhöhter Rottenzahl . . . 1 Tag,
= Regiments=Manöver in 2 Parteien . . 2 Tage,
= desgl. mit erhöhter Rottenzahl . . . 2 =
= Manöver zweier Regimenter gegeneinander 3 =
= einseitige Brigade=Uebungen . . . . . 2 =
= Manöver zweier Brigaden gegeneinander . 4 =
= Manöver der Division 4

Vorstehende Zeiteintheilung ergiebt wie bisher 22 Uebungstage, die übrigen Tage der vierwöchentlichen Ausbildungsperiode entfallen auf Sonn= und Feiertage. An den meisten Tagen werden Vor= und Nachmittags Uebungen vorgenommen, so daß zu den obengenannten noch Schießen auf weite Entfernungen, gefechtsmäßiges Schießen in gemischten Verbänden, Befestigungsarbeiten und dergleichen hinzukommen. Die neue Zeiteintheilung unterscheidet sich von der alten im Wesentlichen dadurch, daß die Zahl der Uebungen in größeren Verbänden und derjenigen mit verstärkter Rottenzahl auf Kosten der Uebungen in kleineren Verbänden erhöht ist. Zahl und Art der Uebungen sind als bindende Vorschrift zu betrachten; dagegen kann von der in der Zeiteintheilung angegebenen Reihenfolge abgewichen werden. Für die Uebungen mit erhöhter Rottenzahl sind ohne Rücksicht auf Kriegsstärke je 2 Compagnien ꝛc. zu einer zusammenzustellen.

Zu den Uebungen mit gemischten Waffen wurden die Truppen früher ausschließlich in ständigen Lagern versammelt. Den Mängeln einer derartigen unkriegsmäßigen Ausbildung hat man sich nicht verschlossen und in den letzten Jahren begonnen, die ständigen Lager theilweise durch „bewegliche Truppen=

versammlungen" b. h. mit Wechsel des Geländes und der Unterkunft verbundene Brigade- und Divisions-Manöver nach Deutschem Muster zu ersetzen. Die Hin- und Rückmärsche zu und von den Lagerversammlungen sollen zu Uebungen im Sicherheits- und Aufklärungsdienst benutzt werden. 1889 wurden 62 Lager bezogen. In 18 Lagern war weniger als 1 Infanterie-Brigade versammelt.

Bewegliche Truppenversammlungen fanden in den Militär-Bezirken Petersburg (nur 1 Detachement), Wilna, Warschau, Odessa, Moskau statt. Im Militär-Bezirk Wilna schlossen sich diese mit Quartierwechsel verbundenen Uebungen in der Dauer von 6 bis 15 Tagen an die Lagerversammlungen an.

Eine besondere Erwähnung verdienen die Manöver der 1. Grenadier-Division mit 19 auf dem Schießplatze von Klementjewo zu Ergänzungsübungen zurückgelassenen Batterien. Diese mit gefechtsmäßigen Schießübungen verbundenen Manöver sollten unter Anderem Klarheit verschaffen über die Art der Einfädelung von Artilleriemassen in die Marschcolonne, deren Entwickelung und Verwendung im Gefecht, sowie über die Wirkung des Infanteriefeuers auf weite Entfernungen, die Zweckmäßigkeit der reglementarischen Angriffsformen und dergl. mehr. Die endgültige Entscheidung über die angeregten Fragen wurde zum Theil weiteren Versuchen vorbehalten.

An den Uebungen mit gemischten Waffen nahmen 1889 Theil: 89 pCt. Bataillone, 88 pCt. Escadrons, 87 pCt. Batterien, das sind 14, 16, 7 pCt. mehr als im vorhergehenden Jahre. Von den Reserve-Infanterie- und Festungs-Infanterie-Bataillonen wurden 80 pCt. gegen 38 pCt. im Jahre 1888 zu den genannten Uebungen herangezogen. Diese verstärkte Heranziehung, welche für die Kriegstüchtigkeit der Reserve-Infanterie von hoher Bedeutung ist, darf nicht als eine vereinzelte Erscheinung, sondern muß als Folge der Entlastung dieser Truppen von dem Wachtdienst u. s. w. in den Kreisstädten aufgefaßt werden.

Während der Uebungen mit gemischten Waffen soll jedem Truppentheil einmal jährlich, wenn auch nicht mit vollem Mannschaftsstande, Gelegenheit gegeben werden, an einer gefechtsmäßigen Schießübung aller Waffen theilzunehmen. Als Zweck dieses Gefechtsschießens stellt die hierüber 1889 neu erlassene Verordnung: Uebung in der Feuerleitung und im Manövriren unter feldmäßigen Verhältnissen hin. Die Zusammensetzung der schießenden Abtheilung richtet sich nach der Betheiligung der drei Waffen, sowie nach Größe und Gestaltung des verfügbaren Geländes. Die betreffenden Abtheilungen bestehen demnach entweder aus:

1 Bataillon Infanterie auf erhöhtem Friedensstand, 2 bis 3 Escadrons und 1 Batterie zu 8 bezw. 6 Geschützen, oder aus

1 Bataillon und 1 Batterie bezw. Cavallerie mit 1 Batterie.

Fehlen andere Waffen, so schießen Infanterie und Cavallerie für sich. Cavallerie ist nur dann heranzuziehen, wenn der Gang des Manövers ein Gefecht zu Fuß für dasselbe rechtfertigt. Jedem Bataillon sind zwei, jeder Escadron ein Patronenkarren, jeder Batterie die erste Staffel der Munitionswagen beizugeben. Die Munitionsausrüstung besteht aus 12 bis 15 Patronen in den Taschen und ebensoviel auf den Mann in den Karren, 8 bis 12 Geschosse, darunter zwei Drittel Shrapnels, für jedes Geschütz.

Die Leitung der Uebung wird dem Regiments- oder Brigadecommandeur übertragen und zu seiner Unterstützung ein Generalstabsoffizier commandirt. Die Scheiben sollen eine der schießenden Abtheilung ungefähr gleich starke Truppe in kriegsmäßiger Entwickelung darstellen.

Der Veranlagung des Schießens ist ein offensiver Auftrag für die Infanterie, ein defensiver für die Cavallerie zu Grunde zu legen.

Die Ausführung ist so zu regeln, daß die schießende Abtheilung vor dem Eintreffen auf dem Uebungsgelände einen halben Kriegsmarsch zurückzulegen hat. Der Führer leitet das Schießen selbständig nach der ihm gestellten taktischen Aufgabe und den ihm über den Feind zugehenden Nachrichten. Ueber die Abgabe des Feuers gegen die einzelnen Ziele auf den verschiedenen Entfernungen sind genaue, die Dauer desselben beschränkende Regeln gegeben worden.

Bei dem am Schluß der Uebung stattfindenden Besprechung sind die Ergebnisse des Schießens nicht nach Trefferprocenten zu beurtheilen. Die Feuerwirkung wird vielmehr durch hinreichende Belegung der Ziele mit Treffern und regelrechte Feuerleitung bestimmt.

f. Große Manöver.

Große Manöver finden im Anschluß an die Uebungen mit gemischten Waffen statt. Die Abhaltung derselben ist jedoch keine regelmäßig feststehende, sondern wird, wie die der Kaiser-Manöver in Deutschland, jedes Jahr besonders bestimmt. Man ist bemüht, die großen Manöver in Veranlagung und Ausführung möglichst kriegsmäßig zu gestalten.

1889 fanden zwei große Manöver in den Militär-Bezirken Warschau und Odessa statt. An ersterem nahmen vom 17. bis 22. September 90 Bataillone, 62 Escadrons, 204 fahrende und 30 reitende Geschütze, also fast alle im Militär-Bezirk Warschau befindlichen Truppen Theil. Zu dem fünftägigen Manöver im Militär-Bezirk Odessa, welches mit einer Landungsübung bei Otschakow verbunden war, wurden nur 13½ Bataillone, 5½ Ssotnien und 12 Geschütze herangezogen.

D. Uebungen der Reservisten und auf Urlaub entlassenen Kosaken.

1. Reservisten.

Von der Uebungspflicht der Reservisten (vergl. S. 1) ist zum ersten Male 1887 durch Einberufung von 60 919 Mann aus dem Beurlaubtenstande der Infanterie Gebrauch gemacht worden. Geübt haben von dieser Zahl jedoch nur 52 971 Mann, 1888 wurden 128 379, 1889 149 424 Reservisten der Infanterie, Feld- und Festungs-Artillerie eingezogen. Wie viele hiervon wirklich geübt haben, ist nicht bekannt. Hervorzuheben ist aber, daß die Strafen wegen Nichterscheinens zu einer Reserveübung 1889 verschärft und auf drei Wochen bis drei Monat Gefängniß im ersten, auf acht Monat bis vier Jahre im zweiten und auf Verlust aller bürgerlichen Rechte und Verschickung nach Sibirien im dritten Falle festgesetzt wurden.

Während in den beiden ersten Jahren sämmtliche Reservisten 21 Tage übten, wurde für 1889 bestimmt, daß die einzuberufenden Mannschaften, welche weniger als drei Jahre activ gedient hatten (Jahrgang 1884), 21 Tage, die übrigen (Jahrgang 1879) mit drei- bis fünfjähriger activer Dienstzeit nur 14 Tage üben sollten. Die Einberufungszeit sollte zwischen dem 27. August und 18. October liegen.

Für die Ausbildung der eingezogenen Reservisten wurde 1889 eine neue Vorschrift erlassen, welche die Zahl der vorzunehmenden Uebungen während der dreiwöchentlichen Einberufung von 30 auf 32 erhöhte, und für die 14tägige auf 21 festsetzte. Die Besichtigung soll so gelegt werden, daß sie den Gang der Ausbildung nicht stört. Die Uebungsmannschaften sind von den Truppentheilen, denen sie zugetheilt werden, je nach der Zahl zu selbstständigen Commandos, Compagnien, Batterien, Bataillonen zusammenzustellen.

Bei der Infanterie ist die erste Woche der dreiwöchentlichen Uebung ausschließlich auf die Einzelausbildung zu verwenden, damit sie nach dem Eintreffen der auf zwei Wochen einberufenen Reservisten mit diesen gemeinschaftlich ausgebildet werden können. Die vorgeschriebenen 32 bezw. 21 Uebungen vertheilen sich auf die einzelnen Dienstzweige wie folgt:

Unterricht und Einzelexerciren	14 bezw. 9 Uebungen,
Schießen	8 = 5 =
Schul- und Gefechtsexerciren in der Compagnie	6 = 4 =
Feld-Wachtdienst	3 = 2 =
Gefechtsübung	1 = 1 =

Für jeden Reservisten sind 15 Platz- und 42 bezw. 32 scharfe Patronen ausgeworfen; von letzteren sind bestimmt bei

der ersten Rate: 32 für Schulschießen, 10 für gefechtsmäßiges Abtheilungsschießen,
= zweiten = 20 = = 10 = =

Außerdem sind noch für je 10 Mann 15 scharfe Patronen für Preisschießen zur Verfügung gestellt.

Es ist ausdrücklich betont, daß die Mannschaften im schnellen Laden mit Exercirpatronen so geübt werden sollen, daß sie mit Erfolg beim gefechtsmäßigen Schießen Schnellfeuer abgeben können. Am Schluß der Einberufungszeit sollen die Reservisten, wenn angängig, in Gemeinschaft mit activen Mannschaften Uebungen in kriegsstarken Verbänden durchmachen.

Im Lager von Krassnoje Sselo waren 1889 aus den eingezogenen Reservisten 1 Infanterie-Regiment zu 4 Bataillonen, 1 Schützen-Bataillon, 1 Reserve-Bataillon und 1 Artillerie-Brigade zu 3 Batterien formirt worden. Der commandirende General des Garde-Corps besichtigte dieselben im Compagnie- und Bataillonsexerciren, Paradmarsch und einer Gefechtsübung gegen einen markirten Gegner und sprach seine volle Anerkennung für die glänzenden Leistungen aus.

Bei der Feld-Artillerie sollen aus den drei bezw. zwei Wochen übenden Reservisten möglichst 100 bis 110 Mann starke Batterien zu acht bespannten Geschützen formirt werden. Die Geschütze sind feldmäßig ausgerüstet; außerdem hat jede Batterie noch vier kriegsmäßig ausgerüstete Munitionswagen zur Verfügung.

Auf die einzelnen Dienstzweige sind nach der Dauer der Einziehung folgende Uebungen zu verwenden:

13 bezw.	6	auf	Exerciren am einzelnen Geschütz und Kenntniß des Materials,
4 =	2	=	Fahrübungen,
6 =	6	=	Geschützexerciren in der unbespannten Batterie,
2 =	2	=	Exerciren der bespannten Batterie,
4 =	4	=	Schießübungen: 1 kriegsmäßiges, 3 Vorbereitungsschießen,
3 =	1	=	Unterricht in den allgemeinen Dienstkenntnissen.
32 bezw. 21.			

Nach zehn bezw. vier Uebungstagen soll die Einzelausbildung beendet sein, und die gemeinschaftliche Ausbildung sämmtlicher Reservisten in der Kriegs-Batterie beginnen.

Bei der Festungs-Artillerie sind Compagnien zu 100 bis 110 Mann zu bilden, bei geringerer Zahl nur Commandos. Zur Ausbildung am Geschütz sind solche in ausreichender Zahl mit den zugehörigen Laffeten und voller Ausrüstung zur Verfügung zu stellen.

Von den vorgeschriebenen Uebungen sind auf die einzelnen Dienstzweige zu verwenden, je nachdem die Ausbildung drei bezw. zwei Wochen dauert:

17 bezw. 10 auf Geschützexerciren und Feuerwerksarbeiten,
 4 = 2 = Kenntniß des Materials,
 4 = 4 = Armirungsarbeiten,
 4 = 4 = Schießübungen,
 3 = 1 = allgemeine Dienstkenntniß.
32 bezw. 21 Uebungen.

Nach zehn bezw. vier Uebungstagen soll die Einzelausbildung beendet sein. Für die mit Revolvern bewaffneten Reservisten der Feld- und Festungs-Artillerie sind je 12 Revolver-Patronen ausgeworfen.

2. Uebungen der auf Urlaub entlassenen Kasaken.

Bezüglich der Uebungspflicht der beurlaubten Kasaken vergl. S. 3.
1889 übten die Kasaken der Reiter-Regimenter 2. und 3. Aufgebots drei Wochen, die auf Urlaub entlassenen Artilleristen der Orenburg-, Kuban- und Terek-Batterien fünf Wochen.

E. **Uebungen der Reichswehr.**

Uebungen von Wehrmännern 1. Aufgebots finden 1890 zum ersten Male statt, sollen aber künftig jährlich im Herbst oder Winter abgehalten werden. Die Einberufung erfolgt im ersten und dritten Jahre der Zugehörigkeit zur Reichswehr. Die Dauer der in den betreffenden Kreisstädten stattfindenden Uebungen ist für 1890 und 1891 auf 4 Wochen festgesetzt. Die Uebungszeit der nach territorialen Bezirken in Staffeln einzuziehenden Wehrmänner wird von den Gouvernements-Aushebungs-Commissionen, welche auch die sonstigen vorbereitenden Anordnungen zu treffen haben, bestimmt.

Die einberufenen Wehrmänner werden nicht militärisch eingekleidet; sie erhalten nur eine Mütze mit dem Reichswehrabzeichen und Achselklappen, die auf den eigenen Röcken zu befestigen sind.

Die Uebungen werden unter Aufsicht der Local-Brigadecommandeure von den Kreistruppen-Chefs geleitet, denen hierfür die Reichswehr-Stammmannschaften (vergl. S. 59) und das von den Truppen abcommandirte Lehrpersonal zur Verfügung stehen. Die Stärke des letzteren wird so bemessen, daß für jede Uebung 1 Offizier und auf je 20 übende Wehrmänner 1 Unteroffizier etc. unter Anrechnung der Stammmannschaften commandirt werden.

Die Ausbildung wird sehr eigenartig betrieben.

Die eingezogenen Wehrmänner werden nach Dorfgemeinschaften zu 8 bis 15 Mann in Corporalschaften, welche sich ihren Mitte einen Corporalschaftsführer zu erwählen haben, zusammengestellt. Letztere haben nicht nur den inneren Dienst ihrer Corporalschaft zu überwachen, sondern dieselbe auch im Exerciren auszubilden. Dies wird dadurch ermöglicht, daß die Corporalschaftsführer für sich ausgebildet werden; sobald sie eine Uebung erlernt haben, treten sie ihrerseits als Lehrer auf und versuchen, das soeben Erlernte den Mannschaften ihrer Corporalschaft beizubringen.

Die Gewehre werden den Uebungsmannschaften 3 Tage nach ihrem Eintreffen ausgehändigt. Das Exerciren mit Gewehren beginnt jedoch erst in der zweiten Woche, dagegen wird sofort der Verschlußmechanismus erklärt, und dann täglich Anschlag und Zielen im Stehen, Knieen und Liegen geübt. In der vierten Woche wird scharf geschossen; je 3 Patronen auf 100 und 200 Schritt. Bei der ersten Uebung sind für jeden Wehrmann 6 scharfe und 6 Platzpatronen, bei der zweiten 32 scharfe Patronen ausgeworfen. Das Ausbildungs-Programm umfaßt im Uebrigen: Stellung, Wendungen, Marsch in Gliedern und Zügen, Griffe. Von letzteren werden nur Gewehr über und Gewehr ab eingeübt; Laden und Fällen des Gewehres werden ohne Anwendung von Griffen gelehrt. Zum Schluß sollen die Uebungsmannschaften noch mit den einfachsten Bewegungen in der zerstreuten Ordnung und der Benutzung des Geländes bekannt gemacht werden.

XII. Vertheidigungsanlagen im westlichen Grenzgebiet.

Die Festungen werden nach ihrer Größe und Bedeutung in vier Klassen eingetheilt.

Es sind vorhanden im Militär-Bezirk:

Wilna:	1 Festung	1. Klasse	Kowno,
	3 Festungen	3. "	Dünamünde, Dünaburg und Ossowez,
Warschau:	3 "	1. "	Warschau, Nowogeorgiewsk u. Brest-Litowsk,
	1 Festung	2. "	Iwangorod,
Kiew:	1 "	3. "	Kiew,

außerdem im letztgenannten Militär-Bezirk bei Dubno ein Fort, das ständig von einer Festungs-Artillerie-Compagnie besetzt ist. Die Festung Kowno ist neu erbaut und 1888 eingeweiht. Die Festungen des Militär-Bezirks Warschau sind in den letzten Jahren den heutigen Forderungen der Befestigungskunst entsprechend umgebaut und erweitert worden.

XIII. Mobilmachung.

A. Mobilmachungs-Vorarbeiten.

Die Vorbereitung der Mobilmachung ist mehr als bei anderen Armeen im Kriegsministerium concentrirt. Dies erklärt sich aus der ungleichmäßigen Friedensvertheilung der Streitkräfte, wodurch die in den westlichen Militär-Bezirken stehende Hauptmasse des Heeres außer Stand gesetzt ist, sich allein aus den örtlichen Hülfsquellen zu completiren. In Folge dessen wird der größte Theil der Mobilmachungs-Vorarbeiten für die ganze Armee vom Hauptstabe, im Besonderen vom Mobilmachungs-Comité desselben (vergl. S. 67) erledigt. Hier wird namentlich die Nachweisung über die Einberufung und Vertheilung der Reservisten verfaßt, welche genau angiebt, wie viel Mannschaften jeder Kreis zu stellen hat, und für welchen Truppentheil dieselben bestimmt sind. Ebenso ordnet der Hauptstab auf Grund der Ergebnisse der Militär-Pferdezählung an, wie viel Pferde jeder Klasse (Reit-, Artillerie-, Train-, Packpferde) von den Pferde-

Gestellungs-Bezirken zu bestimmten Zeiten nach den Uebergabepunkten zu stellen und wohin solche zu senden sind.

Den Transport der Completirungs-Mannschaften und Pferde mittelst der Bahn und die Beförderung der mobilen Truppentheile ins Aufmarschgebiet bearbeitet die Abtheilung für Beförderung der Truppen und Militärgüter nach Vereinbarung mit dem Verkehrsministerium. Die Mobilmachung der Kasaken leitet die Hauptverwaltung der Kasaken-Heere (s. S. 67). Die Mobilmachungs-Thätigkeit der übrigen Hauptverwaltungen des Kriegsministeriums ist von geringerer Bedeutung und besteht, abgesehen von der Aufstellung der Kriegsranglisten für die in ihren Geschäftsbereich fallenden Neuformationen, hauptsächlich in der Fürsorge für rechtzeitige Bereitstellung der erforderlichen Waffen, Bekleidungs-, Ausrüstungsstücke, Verpflegungsvorräthe, Verbandstoffe u. s. w.

Die Militär-Bezirks- und die Local-Brigade-Verwaltungen sind im Wesentlichen nur Durchgangs- und Aufsichts-Behörden, soweit es sich um Completirung an Mannschaften und Pferden handelt. Sie vervollständigen gegebenen Falls die Anordnungen des Kriegsministeriums und überwachen die Ausführung derselben durch die Kreistruppenchefs-Verwaltungen.

Von der Thätigkeit der Kreistruppenchefs bezw. der Kreis- und Abtheilungs-Atamane der Kasaken hängt in hervorragender Weise der glatte Verlauf einer Mobilmachung ab. Ihnen liegt unter Mitwirkung der Verwaltungs- und Polizei-Behörden die Controle der Reservisten und Wehrleute, die Einberufung und Absendung der Completirungs-Mannschaften und Augmentations-Pferde ob. Die wichtigsten Mobilmachungs-Vorarbeiten der Kreistruppenchefs-Verwaltungen bestehen darin, daß über alle dauernd im Kreise wohnenden Reservisten geführt werden:

> alphabetische Listen,
> Stammrollen,
> Ueberweisungsnationale,
> Einberufungskarten,
> Nachweisungen über den Bestand, Ab- und Zugang.

Letztgenannte Nachweisungen sind auch über Offiziere und Beamte der Reserve stets auf dem Laufenden zu erhalten.

Die Einberufungskarten werden nach Gemeinden (Woloft) geordnet und nach dieser Eintheilung getrennt aufbewahrt.

Die Mobilmachungs-Vorbereitung der Truppentheile besteht in der Aufstellung eines Mobilmachungsplanes für sich und die zugehörigen Ersatztruppen. In diesen Mobilmachungsplänen sollen eingehend alle Maßnahmen behandelt werden, welche nach Ort und Zeit zu treffen sind, um den Truppentheil mit Hülfe der unberührbaren Vorräthe und der eintreffenden Completirungs-Mannschaften und Augmentations-Pferde auf den Kriegsfuß zu setzen.

B. Ausführung der Mobilmachung.
1. Mobilmachungsbefehl.

Der Mobilmachungsbefehl enthält die Bestimmung, welcher Tag als erster Mobilmachungstag anzusehen ist. Derselbe wird vom Kriegsminister und dem Minister des Innern den unterstellten Behörden telegraphisch übermittelt. Die an einem Orte befindlichen Militär- und Civilbehörden haben sich von dem Eingang des Mobilmachungsbefehls gegenseitig Mittheilung zu machen.

2. Einberufung von Offizieren und Mannschaften der Reserve.

Spätestens 3 Stunden nach Empfang des Mobilmachungsbefehls hat der Kreistruppenchef die nach Gemeinden (Wolost) geordneten Einberufungskarten der Polizeiverwaltung behufs Weitergabe zu übermitteln.

Die Polizeiverwaltung läßt sofort in ihrem Wohnsitze die bereit gehaltenen gedruckten Bekanntmachungen über die Einberufung der Reservisten öffentlich anschlagen und sendet ebensolche mit den vom Kreistruppenchef erhaltenen Einberufungskarten durch berittene Eilboten an die unterstellten Gemeindeverwaltungen.

Der Gemeindevorstand ordnet die Einberufungskarten nach Ortschaften und sendet sie mit den Bekanntmachungen durch Eilboten an die Ortsvorstände.

Der Ortsvorstand läßt die Bekanntmachungen öffentlich anschlagen, händigt die Einberufungskarten persönlich den Reservisten aus und sorgt für Abreise derselben nach Verlauf von 24 Stunden. Ist der Sitz des Kreistruppenchefs nicht weiter als 25 km entfernt, so begeben sich die Reservisten unmittelbar dorthin, andernfalls zunächst an einen Sammelpunkt, von dem sie auf Wagen mit einer Geschwindigkeit von 50 km innerhalb 24 Stunden in die Kreisstadt zu befördern sind.

Außer den Gemeinde- und Ortsbehörden sind auch die niederen Polizeiorgane für den bestimmungsmäßigen Verlauf der Mobilmachung verantwortlich.

Die in der Reserve befindlichen Generale und höheren Beamten werden vom Kriegsminister einberufen, die Uebrigen durch die Kreistruppenchefs unter gleichzeitiger Mittheilung ihrer Bestimmung und der Zeit ihres Eintreffens beim Truppentheil u. s. w. Zur Ordnung ihrer häuslichen Angelegenheiten und Beschaffung der Feldausrüstung ist den Reserveoffizieren eine fünftägige Frist gewährt.

3. Vertheilung und Absendung der Completirungs-Mannschaften.

Die eingezogenen Reservisten werden nach ihrer Meldung beim Kreistruppenchef ärztlich untersucht, und gemäß der bereits erwähnten „Nachweisung über Einberufung und Vertheilung der Reservisten" vertheilt, in Marschcommandos unter Führung eines hierzu bestimmten Feldwebels oder Unteroffiziers der Reserve formirt und zum befohlenen Zeitpunkt in Marsch gesetzt bezw. eingeschifft. Bis zum Abmarsch werden die Reservisten vom Kreistruppenchef einquartiert und verpflegt. Die Ueberweisungs-Rationale werden den Marschcommandos für die betreffenden Truppentheile mitgegeben und ersetzen die namentliche Liste. Zur Vervollständigung der unzureichenden Bekleidung von bedürftigen Reservisten hat der Kreistruppenchef einen auf 5 pCt. der controlirten Mannschaften berechneten Vorrath von Mänteln und Stiefeln zur Verfügung.

4. Aushebung von Pferden und Fahrzeugen.

Jeder Kreis ist in eine Anzahl Pferde-Gestellungs-Bezirke getheilt, welche mit den Gemeinde- (Wolost-) Bezirken übereinstimmen. Jedem Pferde-

Gestellungs-Bezirk steht ein auf 3 Jahre vom Kreistage gewählter Aushebungs-commissar vor. In jedem Kreise sind ein oder mehrere Uebergabepunkte bestimmt.

Der Vorsitzende der Kreis-Ersatzcommission theilt den Mobil-machungsbefehl dem Aushebungscommissar mit und bestimmt gleichzeitig, zu welchem Zeitpunkte die erforderliche Anzahl Pferde auf dem Uebergabepunkte einzutreffen hat.

Der Aushebungscommissar veranlaßt durch die Polizei, Gemeinde- und Ortsvorstände die Vorführung aller der Gestellungspflicht unterliegenden Pferde auf dem Sammelpunkte des Bezirks. Derselbe übernimmt zunächst diejenigen Pferde, welche von ihren Besitzern für den festgesetzten Preis*) freiwillig zur Verfügung gestellt und bei der Untersuchung tauglich befunden werden. Wird auf diese Weise der Bedarf nicht gedeckt, so entscheidet über die übrigen brauchbaren Pferde das Loos. Die so ausgehobenen Pferde werden von dem Aushebungs-commissar nach dem Uebergabepunkte geführt und dort der Abnahmecommission vorgestellt. Diese besteht aus je einem vom Kreistage bezw. Gouverneur ernannten Mitgliede und einem commandirten Offizier. Außerdem haben in der Commission der Aushebungscommissar und die von der Truppe als Transportführer com-mandirten Offiziere ein auf die Pferde ihres Bezirks bezw. Transports beschränktes Stimmrecht. Die als Sachverständige zu den Abnahmecommissionen com-mandirten Thierärzte haben kein Stimmrecht. Die Abnahmecommission entscheidet über die Tauglichkeit der Pferde für die betreffende Klasse.

Der Kreistruppenchef vertheilt die abgenommenen Pferde gemäß der Mobil-machungsnachweisung auf die verschiedenen Truppentheile und sorgt für Unterbringung und Futter. Er trifft die nöthigen Anordnungen für den Abmarsch der Transportführer nach den Bestimmungsorten und commandirt die nöthigen Begleitmannschaften, wenn angängig, aus den Completirungsmannschaften der betreffenden Truppentheile.

Die Vorbereitungen für die Aushebung der Fahrzeuge werden von den Kreis-Ersatzcommissionen getroffen, die Preise jährlich nach Kreisen festgesetzt und bekannt gemacht. Die Aushebung selbst besorgen die Polizei- und Gemeinde-verwaltungen; die Abnahme erfolgt mit den ausgehobenen Pferden.

5. Completirung.

a. Completirung an Offizieren.

Die vorhandenen Offiziere und Vicefeldwebel der Reserve (siehe Seite 8) reichen nicht entfernt zur Deckung des Kriegsbedarfs an Offizieren bei den Feld- und Reservetruppen aus. Auch mit Hülfe der Fähnrich (siehe Seite 10) und der Zöglinge der ältesten Klasse der Kriegs- und Junkerschulen ist dies nicht annähernd möglich.

Auf welche Weise man die Offizierstellen bei den Reichswehr-Truppentheilen zu besetzen gedenkt, ist Seite 59 auseinandergesetzt. Für die Vorbereitung der Compagnieführer im Sinne des Gesetzes ist bisher nichts geschehen.

---

*) Die Preise werden nach Kreisen für jede Pferdeklasse jährlich festgesetzt und bekannt gemacht; sie sollen dem mittleren Marktpreise + 10 pCt. entsprechen.

b. Completirung an Mannschaften.

Zur Completirung des stehenden Heeres stehen 13 bezw. 17*) Jahrgänge der Reserve zur Verfügung, welche in ihrer Gesammtheit zu zwei Dritteln 5, zu einem Drittel nur 1 Jahr gedient haben. Reichen die Reservisten zur Completirung nicht aus, so wird auf die jüngsten Jahrgänge des 1. Aufgebots der Reichswehr zurückgegriffen.

Zur Erreichung der Kriegsstärke muß das Infanterie-Regiment (ohne Ersatz-Bataillon) seinen Mannschaftsstand um das Doppelte, das Reserve-Bataillon um das neunfache, eine fahrende Batterie um ein Viertel, eine reitende um ein Neuntel, ein Sappeur-Bataillon um zwei Drittel vermehren. Die Cavallerie-Regimenter haben schon im Frieden den vollen Kriegsstand an Mannschaften.

c. Completirung an Pferden.

Der Bestand an kriegsbrauchbaren Pferden übersteigt den Bedarf.

Zur Erreichung des Kriegsstandes gebrauchen die Cavallerie-Regimenter nur wenige Trainpferde, die reitenden Batterien mit erhöhtem Friedensstand noch ein Drittel, die fahrenden Batterien mit gewöhnlicher Friedensbespannung das 4fache, die Infanterie-Regimenter das 7fache, die Train-Bataillone das 25fache des Friedensstandes an Pferden.

d. Completirung an Waffen und Munition.

Der volle Kriegsbedarf ist vorhanden und wird bei den Truppen aufbewahrt; die Patronen bereits im gefetteten Zustande.

e. Completirung an Bekleidungs- und Ausrüstungsstücken.

Die Feldtruppen halten die Bekleidungs- und Ausrüstungsstücke für die volle Kriegsstärke in ihren unberührbaren (Kriegs-) Vorräthen bereit. Nur Hemden und Stiefel sind nicht in voller Zahl vorhanden, da man darauf rechnet, daß die aus der Reserve eingezogenen Mannschaften hiervon zum Theil brauchbare Sachen mitbringen. Für die Reservetruppen I. Ordnung und die Festungs-Infanterie trifft das über die Feldtruppen Gesagte zu. Die Reservetruppen II. Ordnung halten für ihre Kriegsformationen nur die Ausrüstungsstücke in voller Zahl, die Bekleidung aber nur zum Theil und auch nicht im fertigen Zustande vorräthig.

Für einen Theil der Reichswehr-Truppentheile wird die Ausrüstung bereit gehalten; die Einkleidung derselben ist Sache der Landschaften (siehe Seite 59).

f. Completirung an Fahrzeugen.

Die Trainfahrzeuge der Feldtruppen und des größten Theils der Reservetruppen sind nach den Kriegsetats in voller Zahl und in kriegsbrauchbarem Zustande vorhanden, wenn auch die Art derselben noch nicht überall den durch die Verordnung über die Normal-Organisation des Trains vorgeschriebenen Mustern entspricht.

Die jedem Train-Bataillon im Frieden zur Formirung der Kriegs-Wagentransporte fehlenden etwa 877 zweispännigen Fahrzeuge werden mit den Mobilmachungspferden ausgehoben.

---

*) Vom Ergänzungscontingent mit einjähriger Dienstzeit.

6. Marschbereitschaft.

Die Cavallerie-Regimenter sind, da sie nur Trainpferde, aber keine Mannschaften zur Completirung bedürfen, am 2. oder 3. Mobilmachungstage marschbereit. Beinahe ebenso schnell setzen sich die reitenden Batterien auf den Kriegsfuß. Die fahrenden Batterien sollen in derselben Zeit wie die Infanterie-Regimenter marschbereit werden. Nach den örtlichen Verhältnissen und dem Grade der Kriegsbereitschaft im Frieden ergeben sich natürlich große Zeitunterschiede in der Marschbereitschaft der einzelnen Truppentheile dieser Waffen. Abgesehen von den Reichswehrtruppen (vergl. Seite 59) gebrauchen die Reservetruppen II. Ordnung die meiste Zeit zur Vollendung ihrer Mobilmachung. Bei der Probe-Mobilmachung der 51. Reserve-Division im Jahre 1888 dauerte die Fertigstellung der Bekleidung 15 bis 25 Tage.

XIV. Verkehrswesen.

A. Eisenbahnen.

Die Staatsbahnen werden von der 1883 errichteten „zeitweiligen Verwaltung der Staatsbahnen", die Privatbahnen vom „Eisenbahn-Departement" verwaltet. Beide Behörden sind selbständige Abtheilungen des Verkehrsministeriums. Eine Ausnahme machen die Finnischen Bahnen und die Transkaspische Bahn. Erstere werden von der Finnischen Regierung, letztere wird vom Kriegsministerium verwaltet.

Die Beaufsichtigung der Privatbahnen ist besonderen Inspectoren übertragen. Zu dem Zweck sind die Privatbahnen in 16 Gruppen getheilt, von denen jede einem Inspector unterstellt ist. Diese Gruppen sind wieder in 4 Hauptgruppen unter je einem Ober-Eisenbahninspector zusammengefaßt. Der Staat hat ferner das Recht, seine Interessen in dem Verwaltungsrath der Privatbahnen durch von ihm ernannte Directoren vertreten zu lassen und durch besondere Commissionen außerordentliche Besichtigungen anzuordnen.

Die Benutzung der Eisenbahnen zu militärischen Zwecken wird im Frieden von der „Abtheilung für Beförderung von Truppen und Militärgütern" und dem „Rath für Beförderung von Truppen" (vergl. S. 67), welche beide dem Chef des Hauptstabes unterstellt sind, geregelt. Der erstgenannten Abtheilung sind die Leiter der Truppentransporte (Linien-Commissare) untergeordnet, welche den 14 Bezirken (Linien) des Reiches vorstehen. Unter den Linien-Commissaren beaufsichtigen auf den einzelnen Strecken Bahnhofs-Commandanten die richtige und rechtzeitige Beförderung von Truppentheilen und Militärgütern.

Die Eintheilung des Reiches in Bezirke (Linien) ist folgende:

1. Petersburg-Moskau . . mit 2 Bahnhofs-Commandanturen,
2. Petersburg-Dünaburg =   2   =   =
3. Finnland . . . .   =   2   =   =
4. Wilna . . . . .   =   5   =   =
5. Warschau . . . .   =   5   =   =
6. Wologda-Ssaratow .   =   3   =   =
7. Nischni-Nowgorod-Brest = 7   =   =
8. Orel-Brest . . . .   =   4   =   =
9. Kiew . . . . . .   =   4   =   =

10. Charkow . . . . mit 6 Bahnhofs-Commandanturen,
11. Koslow-Wladikawkas = 4   =   =
12. Odessa . . . . .   = 2   =   =
13. Transkaukasien . . = 3   =   =
14. Wolga . . . . .   = 4   =   =

Die Bretter, welche behufs Einrichtung der Güterwagen zum Truppentransport verwandt werden, lagern im Frieden auf bestimmten Bahnstationen, die von den Leitern der Truppentransporte im Verein mit den Eisenbahn-Inspectoren ausgesucht werden. Diese Vorrichtungen gestatten die Beförderung der Mannschaften in zwei Stockwerken, so daß sämmtliche Leute liegend schlafen können.

Im Kriege leitet die im großen Hauptquartier befindliche Eisenbahn-Abtheilung die militärische Ausnutzung der Eisenbahnen; sie vertheilt die verfügbaren Verkehrsmittel auf die einzelnen Armeen. Zu jedem Armee-Obercommando (f. S. 68) gehört eine Feld-Verwaltung der militärischen Verbindungen, welche nach den Weisungen des Chefs des Armeestabes den Verkehr auf den zugetheilten Bahnen mit Hülfe der unterstellten Feld-Verwaltungen (vergl. S. 68) regelt. Zur Sicherstellung des Betriebes auf den Eisenbahnen des Kriegsschauplatzes werden den Armeen Eisenbahn-Bataillone (siehe S. 29) zugetheilt.

Im Laufe des Jahres 1889 wurden eröffnet:

die Staatsbahnen Pskow-Riga-Dorpat . . . . 388 km,
    =   Kouwola-Kuopio mit Zweig nach
              Iswessk (Finnland) . . . . 280 =
    = Privatbahn Wagnjarka-Troftjanez . . . . 43 =

In Staatsbesitz gingen 1889 über:

die Transkaukasische Bahn . . . . 1053 =
    = Bahn Rjashsk-Wjasma . . . . 691 =
    =   = Morschansk-Syzran . . . . 532 =

Am 1. Januar 1890 waren im Russischen Reiche 31 554 km Eisenbahnen im Betriebe, von denen sich befanden:

a) im Besitz des Staates und unter Staatsverwaltung 11 339 km
b) =   =   =   =   =   = Privatverwaltung   362 =
c) = Privatbesitz und unter Staatsverwaltung . . .   48 =
d) =   =   =   =   = Privatverwaltung . . .   19 805 =

Es sind mithin 37 pCt. der Russischen Bahnen im Besitze des Staates. Von den 31 554 km Eisenbahnen sind:

zweigeleisig 4 289 km (zweite Geleise im Bau 828 km),
eingeleisig 27 265 =

Auf den Bahnen kommen 5 verschiedene Spurweiten vor:

1,828 m auf   27 km (nach Zarskoje Sselo),
1,524 = = 30 623 =
1,435 = =   522 = (Warschau-Wien bezw. Bromberg; Europäische Spurweite),
1,066 = =   438 = (Livny-Bahn, Jaroslawl-Wologda, Nowgorod-Bahn),
0,896 = =   32 = (Obojan-Bahn).

Die Locomotiven werden mit Kohlen, Holz, Torf oder Naphta-Rückständen geheizt.

Im Bau sind die Bahnen:

Ufa-Slatoust	319	km
Ssuram-Tunnelbahn	8,5	=
Uman-Bahnen	343	=
Shmerinka bezw. Birsula-Rowosselizy . .	508	=
Beresnjaki-Sjoswa	299	=

In dem für 1890 entworfenen Haushalte des Verkehrsministeriums sind die Einnahmen aus den Staatsbahnen veranschlagt auf:

51 505 862 gegen 25 586 402 Rubel im Jahre 1889;

die ordentlichen Ausgaben für Staatsbahnen auf:

32 132 940 gegen 17 422 601 Rubel im Jahre 1889;

die außerordentlichen Ausgaben für Eisenbahnzwecke auf:

38 258 000 gegen 29 206 412 Rubel im Jahre 1889.

Die außerordentlichen Ausgaben vertheilen sich 1890 auf:

10 048 000 Rubel für Eisenbahnbauten,
19 500 000 = zur Erhöhung der Leistungsfähigkeit von Staats- und Privatbahnen,
7 180 000 = für Herstellung von Eisenbahnmaterial,
1 630 000 = zum Ankauf von Privatbahnen.

B. Chausseen.

Die Verwaltung der Chausseen erfolgt in dem größten Theile des Reiches durch das Verkehrsministerium, welches eine Abtheilung für Chausseen und Wasserstraßen enthält. Nur in den westlichen Theilen des Reiches werden die Chausseen von den Gouvernements verwaltet.
1886 waren 15 500 km Chausseen vorhanden. Die Ausdehnung derselben im Verhältniß zur Größe des Reiches ist sehr gering. In der That giebt es noch ganze Gouvernements, selbst im Westen des Reichs, die gar keine Chausseen besitzen, z. B. Wilna.

In den letzten Jahren ist eine lebhaftere Thätigkeit im Chausseebau, namentlich in Polen und Transkaukasien, entfaltet worden.

Der Haushalt des Verkehrsministeriums weist in dem Voranschlage der ordentlichen Ausgaben für Landstraßen auf:

1890: 10 181 838 Rubel. 1889: 7 790 750 Rubel.

C. Wasserstraßen.

Die Wasserstraßen sind gleichfalls in der Verwaltung des Verkehrsministeriums, dessen ordentliche Ausgaben hierfür 1889 5 395 956 Rubel betrugen und für 1890 auf 7 769 645 Rubel veranschlagt sind.

Behufs örtlicher Verwaltung der Wasserstraßen ist das Russische Reich in 10 Bezirke getheilt, welche Bezirkschefs oder Schifffahrtsinspectoren unterstellt sind.

1888 betrug die Ausdehnung der dem Verkehrsministerium unterstellten Wasserstraßen 55 500 km. Davon waren:

Canäle	787 km,
natürliche Schifffahrtsstraßen mit Kunstbauten .	7 107 =
= = ohne =	26 877 =
flößbare Wasserstraßen	20 300 =

Die ausgedehnte Benutzung des enggemaschten Netzes der Wasserstraßen zu militärischen Zwecken, namentlich zum Gütertransport ist im Kriege zu erwarten. Die Regelung des Verkehrs auf denselben liegt den schon bei den Eisenbahnen erwähnten Feld-Verwaltungen ob.

D. Telegraphen.

Die zum Ministerium des Innern gehörende Hauptverwaltung der Posten und Telegraphen hat die oberste Leitung des Telegraphenwesens.

Man unterscheidet Staats-, Eisenbahn-, Privat-, Polizei- und Militärtelegraphen. Auf die Staatslinien entfielen 1881 70 pCt. der vorhandenen.

Der Ausbau des Telegraphennetzes ist in den letzten Jahren so gefördert worden, daß jetzt jede Kreisstadt eine Telegraphenstation besitzt.

Die Ausnutzung der Telegraphenleitungen zu Kriegszwecken regelt die im Stabe jedes Armee-Obercommandos befindliche Feldpost- und Telegraphen-Verwaltung (siehe S. 68). Zum Bau von Feld-Telegraphenlinien und Anschluß derselben an die ständigen Friedensleitungen sind die Militär-Telegraphenparks (siehe S. 42) bestimmt. In der Wiederherstellung zerstörter Eisenbahn-Telegraphen werden die genannten Parks von den Eisenbahn-Compagnien (siehe S. 29) unterstützt.

XV. Der Haushalt des Heeres.

Ende 1888 ist befohlen worden, daß der Haushalt des Heeres für den fünfjährigen Zeitraum von 1889 bis 1893 den Kostenanschlag des Kriegsministeriums für 1888 in der Höhe von 211 653 297 Rubel zur Grundlage haben müsse. Abgesehen von bestimmten kleineren Summen, die zu diesem Betrage noch hinzutreten können, sind demnach dem Kriegsminister für die Jahre 1889 bis 1893 1 058 266 485 Rubel bewilligt worden. Die oben genannte Grundsumme kann entsprechend der Ergiebigkeit der Transkaspischen Bahn und der Höhe der Verpflegungskosten eine Aenderung erfahren. Uebersteigen nämlich in Folge erhöhter Preise die Aufwendungen für Beschaffung von Lebensmitteln &c. den hierfür nach den Anschlagspreisen des Jahres 1888 ausgeworfenen Gesammtbetrag, so wird dem Kriegsminister ein entsprechender Zuschuß überwiesen. Der Kriegsminister hat das Recht, nach Belieben in den Voranschlägen einer Hauptverwaltung berechneten Ausgaben auf die einer anderen zu übertragen. Alle Ersparnisse werden dem Reservefonds überwiesen. Außerordentliche überetatsmäßige Credite dürfen nur im Falle eines Krieges oder einer kriegerischen Expedition nachgesucht werden.

Der Reservefonds ist bestimmt zu:

a) Ausgaben, welche auf Grund gesetzlicher Verordnungen oder behördlicher Bestimmungen angeordnet werden, z. B. Zuschüsse für Beamte, Gehalt für nicht etatsmäßige Militärpersonen, Belohnungen u. s. w.;

b) Ausgaben für Gegenstände, die in den Anschlägen zwar aufgeführt sind, für die aber die betreffenden Summen nicht ausreichen (Zuschußanweisungen);

c) Ausgaben, welche bei Aufstellung und Bestätigung der Anschläge nicht ins Auge gefaßt waren (neue Ausgaben).

Der Voranschlag des Kriegsministeriums enthält an ordentlichen Ausgaben folgende Posten:

	für 1890		für 1889	
Centralverwaltung	2 370 626	gegen	2 343 949	Rubel,
Localverwaltung	7 604 259	=	7 408 345	=
Technischer Theil und Unterrichtswesen	7 068 753	=	7 013 986	=
Medicinal- und Lazarethwesen	3 534 643	=	3 534 648	=
Ausrüstung und Bekleidung	20 657 997	=	18 829 798	=
Lebensmittel	40 324 333	=	40 088 313	=
Futter	17 664 798	=	17 661 396	=
Besoldung	53 228 742	=	51 466 218	=
Miethe und Unterhalt von Wohnungen	14 013 100	=	13 713 374	=
Baukosten	15 071 899	=	14 766 468	=
Waffenfabrication, Geschütze, Munition	9 789 901	=	10 329 913	=
Unterhalt der Feld- und Festungs-Artillerie	2 342 114	=	2 154 515	=
Transporte, Fahrgelder, Depeschen	7 374 836	=	7 430 228	=
Unkosten der Rekrutenaushebung	2 798 400	=	2 738 540	=
Reserve-Uebungen	2 907 638	=	1 273 268	=
Belohnungen und Unterstützungen	3 392 610	=	2 579 155	=
Abzüge und Zinsen für Emeritalkasse	2 827 272	=	2 787 947	=
Ausgaben in Turkestan	921 464	=	927 201	=
Außergewöhnliche Ausgaben	530 969	=	529 569	=
Transkaspische Bahn und Amur-Darja-Flottille	4 076 828	=	2 872 356	=
Verschiedene Ausgaben	1 189 392	=	1 172 518	=
Reserve-Fonds	2 350 740	=	3 967 769	=
	222 041 314	gegen	215 569 510	Rubel.

An außerordentlichen Ausgaben sind für 1890 angesetzt: 10 500 000 Rubel für Umbewaffnung.

Stärke-Berechnung der Russischen Armee.

Im Frieden	Bataillone	Escadrons	Batterien	Im Kriege	Bataillone	Escadrons	Batterien	Bemerkungen
\multicolumn{9}{c}{**A. Feld-Truppen.**}
192 Infanterie-Regimenter	768	—	—	192 Infanterie-Regimenter	768	—	—	
20 Schützen-Regimenter .	40	—	—	20 Schützen-Regimenter .	40	—	—	
42¼ Schützen-Bataillone .	42¼	—	—	43¼ Schützen-Bataillone .	43¼	—	—	22 Bat. in Asien.
33 Linien-Bataillone . . .	33	—	—	33 Linien-Bataillone . . .	33	—	—	Nur in Asien.
6¼ Kasaken-Bataillone . .	6¼	—	—	19 Kasaken-Bataillone . .	19	—	—	7 Bat. in Asien.
57¼ Cavallerie-Regimenter \} 9 Escadrons	—	345	—	58 Cavallerie-Regimenter \} 9 Escadrons	—	349	—	Darunter 6 Feld-Genb.-Escadrons; 2 Ssotnien in Asien
49¼ Kasaken-Regimenter \} 8 Ssotnien	—	286	—	145 Kasaken-Regimenter \} 37 Ssotnien	—	868	—	119 Ssotnien in Asien
51 Feld-Artille-\} fahrende rie-Brigaden und 4 Batterien\} Gebirgs-	—	—	290 19	51 Feld-Artille-\} fahrende rie-Brigaden und 7 Batterien\} Gebirgs-	—	—	290 22	13 Battr. = = 5 = = =
31 reitende Batterien . .	—	—	31	31 reitende Batterien . .	—	—	31	2 = = =
20 Kasaken-Batterien . .	—	—	20	38 Kasaken-Batterien . .	—	—	38	5 = = =
2 Mörser-Regimenter . .	—	—	8	2 Mörser-Regimenter . .	—	—	8	
18 Sappeur-Bataillone .	18	—	—	18 Sappeur-Bataillone .	18	—	—	½ Bat. und 3 Comp. in Asien.
8 Pontonnier-Bataillone	8	—	—	8 Pontonnier-Bataillone	8	—	—	
6 Eisenbahn-Bataillone .	6	—	—	6 Eisenbahn-Bataillone .	6	—	—	2 Bat. in Asien.
8 Festungs-Torpedo-Compagnien	C. 8	—	—	8 Festungs-Torpedo-Compagnien	C. 8	—	—	1 Comp. in Asien.
5 Train-Bataillone . . .	5	—	—	18 Train-Bataillone . . .	18	—	—	
\multicolumn{9}{c}{**B. Reserve-Truppen.**}
8 Infanterie-Regimenter \} 99 Bataillone	115	—	—	105 Infanterie-Regimenter \} 109 Bataillone	527	—	—	25 Bat. in Asien.
20 Batterien in 5 Brigaden	—	—	20	20 Artillerie-Brigaden . .	—	—	80	
				34 Sappeur-Compagnien	C. 34	—	—	
				3 Eisenbahn-Bataillone	3	—	—	

— 133 —

Im Frieden	Bataillone	Escadrons	Batterien	Im Kriege	Bataillone	Escadrons	Batterien	Bemerkungen
				C. **Besatzungs-Truppen.***)				
1 Festungs-Infanterie-Regiment, 23 Bataillone	25	—	—	24 Festungs-Infanterie-Regimenter	120	—	—	
50 Festungs-Artillerie-Bataillone, 7 Compagnien	51½	—	—	50 Festungs-Artillerie-Bataillone, 7 Compagnien	51½	—	—	6 Bat., 4 Comp. in Asien.
				D. **Ersatz-Truppen.**				
				199 Infanterie- bezw. Schützen-Bataillone und 9 Compagnien	201	—	—	
56 Abtheilungen Cavallerie-Ersatz	—	56	—	56 Abtheilungen, 8 Escadrons	—	120	—	Einschl. Garde-Res.-Don-Kas.-Regt. und 1 Ural-Lehr-Sjotnie.
12 Ersatz-Batterien	—	—	12	50 Ersatz-Batterien	—	—	50	Einschl. 1 Don- und 1 Orenburg-Kas.-Battr.
				4 Sappeur-Ersatz-Bataillone	4	—	—	

*) Finnische Landwehr, Local- und Convoi-Commandos, Grenzwache, Milizen, Reichswehr sind außer Berechnung geblieben.